2025年度版 | 公務員試験

春日文生 著

実務教育出版

採点官は
ココで決める！
合格面接術

JN090818

はじめに

　この本は、公務員採用試験の面接対策に関する本です。

　これまで15年以上にわたり自治体の現職採点官として、論文採点や面接官の業務に従事してきました。その中で多くの論文や受験生を採点してきましたが、採用側の思惑とは異なる、見当違いの論文や受験生に出合ってきました。「わかってないな〜」とため息をつくことも多かったのです。

　そうした経験から、受験生に回り道しないで合格を勝ち取ってもらいたいと思い、「現職採点官が教える！」シリーズを刊行し、『合格論文術』『合格面接術』『社会人・経験者の合格論文＆面接術』の３冊を出版しました。おかげ様で、多くの方に読んでもらい、「とてもわかりやすかったです」など、毎年多くの感想をいただきました。

　このたび、自治体職員を退職し、さらにもう一歩踏み込んで受験生の力になりたいと考えて、新たに改訂版を刊行することとなりました。退職したこともあって、これまでの書籍よりも、より深い内容に踏み込むとともに、より読みやすくなるように配慮したつもりです。

　ところで、皆さんは公務員に対して、どのようなイメージをお持ちでしょうか。手厚い身分保障、恵まれた福利厚生というのは、もう一昔前の話です。そうした「おいしい環境」だけを追い求める人であれば、現実の業務とのギャップに悩んでしまうかもしれません。クレーマー対応、利害関係者とのたび重なる調整、重箱の隅を楊枝でほじくるような間違い探しなど、公務員の仕事は単なる「お役所仕事」では済まされない地道な業務が多いからです。

　しかし、それでも公務員の仕事に魅力があるのは、「市民の幸せ」「公共の福祉」のために業務ができるからという点があるからでしょう。どうしても利益の追求をせざるをえない民間企業とは、徹底的な違いがそこにあるのです。住

民が希望していた施設がようやく完成した、悩みを抱えた市民が役所で解決の糸口を見つけられた、そんなときに「ありがとう」「助かりました」などと感謝の言葉を頂戴します。そうした言葉が、公務員としてのやりがいを与えてくれるのです。受験生の皆さんにも公務員になって、ぜひそんな瞬間を味わってもらいたいと心から願っています。

さて、公務員試験では面接はきわめて重要です。どんなに筆記試験の成績がよくても、住民対応ができない、周囲の職員とコミュニケーションがとれない職員では困ってしまうからです。面接官はさまざまな方法で、受験生の人柄を見極めようとしますので、受験生もきちんとした対策が必要です。そこで、本書では、次の点をポイントにしています。

本書のポイント

1. 面接官が受験生の何をみているのかを、面接官の視点から具体的に解説
2. 実際の面接のよい例・悪い例をマンガでわかりやすく再現
3. どのような面接官であっても、確実に合格できるための戦略のポイントを解説

面接は模範回答を暗記すればよいというものではありません。場合によっては、思いもよらない質問にその場で答えなくてはならない臨機応変な対応も求められます。皆さんが、本書で合格を勝ち取り、国や自治体で活躍されることを心から願っています。

春日 文生

Contents
目次

Chatroom 5　教えて！ 春日先生

本命以外での
面接練習は許される？

Chapter **5**

今年、聞かれそうな質問をガチ予想

知らなきゃアウト！
時事ネタ質問への対応法

Chatroom 6　教えて！ 春日先生

最終合格を
勝ち取ったけれど…

購入者特典

あなたの面接カードを見てもらえる！（無料）

長年公務員試験の採点官をしてきた著者が、
あなたの面接カードを読んでコメントしてくれます。
この機会を活かして合格を勝ち取ってください。
申込方法や締切は本書の最終ページをご覧ください。

登場人物紹介

春日先生

萌音さん

専門学校生　天真爛漫　地元大好き
広報に興味がある
3人姉妹末っ子
吹奏楽ブラバン経験者（打楽器）

テツくん

4大生　5歳までイギリスで育つ
英語は実はちょっぴり苦手
人見知り
天パ　電車好き　オタク

奈弥美さん

4大生　お嬢様
介護福祉のボランティア経験有
趣味は旅行、買い物、
ネットショッピング

伝次郎くん

4大卒　地元の蕎麦屋の次男
父と兄は消防団に入っている
趣味はイタリア料理、食べ歩き

Chatroom
1

教えて！ 春日先生

自治体の何を調べればいいの？

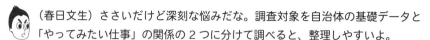

（受験生）「受験自治体のことを調べておいてください」といわれますが、自治体のホームページを見てもいろいろありすぎて。何を調べればいいのか、正直わかりません……。

（春日文生）ささいだけど深刻な悩みだな。調査対象を自治体の基礎データと「やってみたい仕事」の関係の2つに分けて調べると、整理しやすいよ。

具体的にはどういうことですか。

基礎データは、文字どおりその自治体の基礎情報だね。人口、面積、市のキャッチフレーズ、名所旧跡などの観光地、特徴的な産業、市長名などが当てはまる。多くの自治体では記事のほか、紹介動画も掲載しているので、併せて見ておくとスムーズに理解できると思うよ。

「やってみたい仕事」の関係とはどんなものですか。ジブンは防災関係の業務にも関心があるんですけど。

それなら、防災に関するデータや、自治体が直面している現在の課題と対策は調べておきたいな。

「やってみたい仕事」の関連で質問される内容ですね。

そうだよ。防災対策といっても、ハード・ソフト、自助・共助・公助といろいろな分野があるからね。具体的にやってみたい業務内容と関連するデータを把握して説明すると、説得力が高まるよ。たとえば、被害想定は自治体の地域防災計画などに書いてあるだろう。現在の課題と対策は総合計画などで把握できる。ポイントは、それらをただ暗記するのではなく、自分の興味に応じて調べておき、面接で話せるようにしておくこと。

なるほど！ さっそく調べてみようっと。

面接試験とは何か、
面接官はどこをみるのか

面接試験の
本質と核心をつく
ポイント

入学や採用など、人生の節目に行われる面接試験は、避けて通れない重要な選別方法といえます。公務員試験でも同様、採用・不採用を決める重要なシステムです。その一方、公務員試験の面接にまつわる口コミやうわさには不正確なものも多くあります。採点官・面接官を長く務めた筆者の経験から、公務員試験の面接で求められること、面接官の正体や実態、面接官しか知りえない評定基準と評定過程を通じて、受験生の皆さんはどんな態度や方針で面接試験に臨むべきか、一緒に見ていきましょう。

面接試験は2.5億円也の高額商品のショッピング

面接官の多くは当該自治体の職員

- 職員1人の生涯賃金は2.5億円
- 働かない職員や他人とすぐにトラブルを起こすような人を採用してしまったら、組織としてマイナスだけでなく、採用担当職員や面接官役の職員の責任問題にもなってしまう

採用には慎重にならざるをえないし、受験生に対する目も厳しくなる

受験生の皆さんに「面接官の実態を知ってほしい」

皆さんの不安を取り除き、安心して試験に臨んでもらいたい

面接官の実態を知れば「な〜んだ、面接官はそんなことを考えているのか」と安心につながる

生涯賃金2.5億円の職員採用を失敗したくない

　2.5億円とは、職員1人当たりの生涯賃金です。採用された新人公務員が入庁して定年退職するまで自治体の職員であり続けるのであれば、当該自治体（受験生が受験する自治体のこと）は、その職員に税金からそれだけのお金を支払うことになります。たとえるなら、職員1人を採用するのは、2.5億円の高額商品の買い物に相当するということです。

　ところで、面接官は当該自治体の職員であることがほとんどです。つまり、自分が所属する自治体の後輩を採用する事務に従事しているわけです。そのため、責任は重大です。間違って、働かない職員や他人とすぐにトラブルを起こすような人を採用してしまったら、組織としてマイナスになってしまうのですから。乱暴な物言いをすれば、

**　大事な税金2.5億円を支払っているのに、住民サービスの向上は期待できず、かえって他の職員に悪い影響を与えてしまう問題職員**

なのですから。このため、採用には慎重にならざるをえませんし、受験生に対する目も厳しくなります。

　当然、同僚から、「お前があんな問題職員を採用したおかげで、迷惑を受けている」などと、面接官役の職員は言われたくはありません。「責任問題」は大げさにしても、こんな批判を受けないためにも、必死に面接を行うわけです。

面接の実際、面接官の実態、好まれる受験生像を知ってほしい

　Chapter 1では、

- 面接試験とは何をみる試験なのか
- 面接官とはどのような人たちなのか
- 面接ではどんな基準で評価されるのか
- 以上から導かれる望ましい面接試験の内容や受験生像

を解説していきます。

　自分がどんなプロセスで評価され、合否が判定されるのかを知らなければ、受験生が疑心暗鬼に陥り、不安に感じてしまうのは当然でしょう。本書のイントロダクションで、面接官や採点基準にページを多く割くのは、面接官の素性や考え方を知っておけば、皆さんの不安を取り除くことができ、穏やかな心で試験に臨めると思うからです。

　面接官の実態を知れば「な〜んだ、面接官はそんなことを考えているのか」と、きっと安心につながるはずです。

面接試験は「それで？」「具体的には？」と詰めるのがデフォ

面接シミュレーション

面接官 ● 学生時代に力を入れたことは何ですか？

受験生 ● 英検などの資格取得に努めたことです

面接官 ● アルバイトをしたことはありますか？

受験生 ● あります

面接官 ● あなたのストレス解消法は何ですか？

受験生 ● 散歩です

面接で尋ねてはいけないこと

①本人に責任のない事項

- 本籍・出生地に関すること
- 家族に関すること（職業、続柄、健康、病歴、地位、学歴、収入、資産など。家族の仕事の有無・職種・勤務先などや家族構成はこれに該当）
- 住宅状況に関すること（間取り、部屋数、住宅の種類、近郊の施設など）
- 生活環境・家庭環境などに関すること

②本来自由であるべき事項（思想信条にかかわること）

宗教に関すること／支持政党に関すること／人生観、生活信条に関すること／尊敬する人物に関すること／思想に関すること／労働組合に関する情報（加入状況や活動歴など）／学生運動など社会運動に関すること／購読新聞・雑誌・愛読書などに関すること

答えに対し再・再々質問で深く掘り下げるのが面接試験

　面接官を行う自治体の管理職は、研修によって面接官になっています（詳細はPoint 4）。この**面接官研修で強調されることの一つに、「それで？」「具体的には？」と受験生を追及すること**が挙げられます。つまり、「受験生が何か回答をしたら、『それで？』『具体的には？』と内容を深く掘り下げなさい」と言われているのです。その理由は、単に「はい」「いいえ」だけの会話では内容が深まっていかないからです（左ページのレジュメの面接シミュレーション）。このため、「学生時代に力を入れたこと」であれば、

● なぜ、それに力を入れようと考えたのか
● 自分なりに工夫したことや意識したことは何か
● 苦労したことは何か、その苦労から学んだことは何か

などから、受験生の思考や人柄を知ろうとするのです。

　見方を変えれば、**再質問や再々質問を想定することはとても大事**であることがわかるでしょう。面接シートに記入した内容に対して、面接官がどのような質問をするかを考え、さらに「それで？」「具体的には？」と再質問・再々質問されてきたら、どう答えるかシミュレーションするわけです。これで面接対応力は各段に向上します。

　さらに、面接官研修では「面接官がやってはいけないこと」も教えられます。左ページのレジュメに**面接で尋ねてはいけないこと**をまとめました。こうした問題発言があれば、試験後に自治体に相談することもできますし、面接官が具体的に何を注意しているのかについても理解することができます。これらは、厚生労働省のホームページなどにも掲載されています。

ストレス耐性や対応力をみる圧迫面接は皆無ではない

　圧迫面接とは、面接官が受験生に対して、わざと威圧的な態度をとったり、答えづらいような質問をしたりする面接手法のことです。具体的には、受験生の回答を何度も否定したり、「君は公務員向きではない」のようなダメ出しをしたりすることを指します。

　圧迫面接を実施する理由としては、ストレス耐性があるのか、困難な状況でも対応できる力があるかなどを検証しようとしているのです。「住民からクレームを言われたら、すぐにお手上げになってしまう人では困る」という採用担当者の心配もあり、どうしても受験生に対して厳しいことを言わなくてはならないこともあるのです。この**圧迫面接は、すべてダメというわけではありません。**

Point **3**

面接官は**管理職**や **人事課職員**が務めている

面接官を務めるのは

当該自治体の職員であることがほとんどだが、大学教授などの研究者、他の自治体職員、試験問題などを作成する業者の社員、一般企業の社員などが面接官になることもある

⬇

評価の客観性を確保するなどの目的があるため

⬇

そうした場合でも、面接官によって評価が大きく異なることはない

⬇

受験生を見抜く力がある人が面接官になっている

人事課職員以外に、管理職が面接官になる理由

● 人手が足りない
● 複数の職員の目で受験生をチェックする必要がある

⬇

管理職はある程度の年齢になっているので、そうした人たちにとって、どのような話し方やエピソードが適切かを考えることも大切

当該自治体職員以外が面接官を担当することもある

面接官は当該自治体の職員であることがほとんどではありますが、そうでないケースもまれにあります。たとえば、**大学教授などの研究者、他の自治体職員、試験問題などを作成する業者の社員、一般企業の社員などが面接官になることもある**のです。

このような当該自治体職員以外の者を面接官にする理由は、評価の客観性を確保するなどの目的があります。面接官が当該自治体職員だけだと、どうしても同じ視点や発想になってしまうからです。

部外者や専門的な立場から人物評価を行ってもらうために、こうした人たちに面接官役をお願いするのです。実は、筆者自身もそうした面接官役を依頼された経験があります。その際は、面接官は３人で、

①当該自治体職員
②他の自治体職員（筆者）
③一般企業の社員

というメンバーでした。ちなみに、こうした場合でも、面接官によって評価が大きく異なることはありませんでした。やはり、受験生を見抜く力がある人が、面接官になっているということのあかしといえそうです。

人手が足りないから面接官に駆り出される管理職もいる

とはいっても、多くの自治体では、ほとんどの面接官は当該自治体職員です。その自治体の管理職か人事課職員（元人事課職員も含む）が面接官を行うことが一般的です。人事課職員が面接を行うのはわかるとして、**なぜ人事課以外の管理職が面接を行うのでしょうか。それは、単純に人手が足りないのと、複数の職員の目で受験生をチェックする必要があるからです。**

現在でも、受験生の数はとても多いです。一次試験である筆記合格者だけを対象に面接を行ったとしても、一般的には、採用予定人数の２倍以上の受験生を面接することになります。しかも、面接は１回だけでなく、２回、３回と繰り返されることもあります。このため、どうしても人手が必要なのです。

また、人事課職員だけの面接では、視点が偏ってしまう可能性があります。このため、できるだけ多くの管理職が面接することによって、さまざまな視点から受験生の能力や人柄を判断しようとしているのです。管理職となれば、ある程度の年齢になっていますので、そうした年齢層の人たちにとって、どのような話し方やエピソードが好ましいかを考えることも大切です。

人間いろいろ、面接官もいろいろ

「面接官ガチャ」は存在する

面接を行うすべての管理職が「人事のプロ」というわけではなく、研修を受けただけで面接官になっている

⬇

面接官が必ずしも「面接がうまい」とは限らない

タイプ別面接官の攻略方法

①理屈っぽい面接官

- 「どうでもいいじゃないか」と思うような細かいことまで質問する
- 公務員には理論武装が非常に重要なので、曖昧な回答を許せない
- 仕事上の癖が面接にも反映され、根掘り葉掘り質問する

⬇

想定問答集を作成するなど曖昧さをなくし理論武装を!

②面接シート軽視型面接官

- 「志望動機を簡潔に口頭で説明してください」のように、自分で面接シートを読まず受験生に説明させる
- 話の盛り上がりや内容によって質問を変えてくる厄介なタイプ

⬇

面接シートの内容以外にも広く対策する

面接官がすべてプロとは限らず、「面接官ガチャ」は存在する

　人事課職員とは異なり、すべての管理職が「人事のプロ」というわけではありません。必ずしも面接手法に詳しいわけではないので、研修などによって学ぶことになるのです。言い方を変えれば、研修を受けただけで、面接官になっているのです。こうした背景から、面接官が必ずしも「面接がうまい」とは限らないのです。研修を受けたからといって、「はい、あなたはもう一人前です」とはならないわけです。

　ここに面接の重要なポイントがあります。面接が下手な面接官もいる、つまり、「面接官ガチャ」が存在するのです。

　面接官にもさまざまな人がいます。しかし、受験生にとって大事なことは、どのような面接官に当たっても、合格ラインを超えることです。左ページのレジュメでは、公務員試験の面接官によくいる代表的な2種類のタイプとして、**「理屈っぽい面接官」「面接シート軽視型面接官」**に分類し、その攻略方法をまとめてみました。

　理屈っぽい面接官への攻略方法としては、

　想定問答集を作成するなどして曖昧さをなくし、回答について理論武装を行う

必要があります。一方、**面接シート軽視型面接官は、受験生に話しをさせたほうが、受験生の本当に人柄がわかる**と考えていますから、

　面接シートの内容に限らず、それ以外も広く対策をする

必要があります。

どの面接官に当たっても合格できる技術を身につける

　受験生としては、どうすればよいのでしょうか。「よい面接官に当たりますように〜」と、毎日神と仏に祈り続けるということも一つの方法かとは思いますが、神仏も忙しいでしょうから、必ずしも皆さんの願いを聞き届けてくれるとは限りません。

　それよりも大事なことは、**どのような面接官に当たっても、必ず合格ラインをクリアする技術を身につけること**だと思います。そのための具体的な方法については、この後に解説していきますが、まずは皆さんにこうした「面接官ガチャ」が存在するという事実と、「どの面接官に当たっても合格できるようにする」という2点について、しっかりと認識しておいてもらいたいのです。

Point **5** | # 面接官しか知らない
評定基準と評定過程

評定基準の例（人事院が発表していた基準）

①積極性（意欲、行動力）　②社会性（他者理解、関係構築力）
③信頼感（責任感、達成力）　④経験学習力（課題の認識、経験の適用）
⑤自己統制（情緒安定性、統制力）
⑥コミュニケーション力（表現力、説得力）

面接官が行う評定過程と内容

①総合評定を決める（この受験生は、総合評定としてはBだな）
②個別評定を決める（積極性はA、社会性はB、信頼感は……）
③総合評定と個別評定の整合性を確認する（両評定に矛盾はないかな？）

面接の相対評価と絶対評価

相対評価：受験生を成績優秀な者から順位づけする。ただし、1位から
並べるのではなく、「A：優秀」「B：やや優秀」「C：普通」「D：やや劣る」
「E：劣る」などのかたまりに分けるのが一般的。「Aは受験生の10％以内」
のように人数が指定されている

絶対評価：個人の能力に応じてそれぞれ評価する方法。順位づけしない
ので、面接官は数を気にすることなく評定できる

↓

「1次面接では絶対評価C以上を合格」「最終面接では相対評価A・B以
上を採用」などと使い分ける

評定は加点方式・積み上げ方式ではない

　面接官は評定基準に基づいて評定を行い、結果を評定票に記入します。評定基準の内容が発表されることはほとんどありません。しかし、**面接の評定基準は、自治体によってそれほど大きく変わらず、ほぼ同様**です。

　では、実際にどのように評定されるのでしょうか。かつて人事院は個別面接の評定票の例と評定基準を発表していました（左ページのレジュメには評定基準を掲載しておきました）。自治体によって項目の多少の違いはあるかもしれませんが、基本的にはこうした項目で評定されると考えてよいでしょう。

　重要なのは、**評定は加点方式・積み上げ方式ではない**ということです。受験生の評定に当たり、「この受験生の積極性は４点、社会性は３点、信頼感は３点……合計は23点だな」のように計算していません。そもそも個別評定も総合評定も点数ではなく、Ａ〜Ｅや優良可否などで判断することが一般的です。

相対評価・絶対評価とは何か？

　受験生を評定する方法には相対評価と絶対評価があります。

相対評価	受験生を成績優秀な者から順位づけする方法
絶対評価	集団内での順位にかかわらず、個人の能力に応じてそれぞれ評価する方法

　評定票には評定基準ごとの個別評定と、全体的な評価である総合評定があります。この**個別評定・総合評定いずれについても、絶対評価を行います**。しかし、絶対評価の結果、「受験生のほとんどがＣ」などということが起こりえます。これでは順位づけできません。そこで、受験生を相対評価し、正規分布に配置して採用すべき者とそうでない者を明確にするわけです。このため、総合評定の絶対評価はＢであっても、相対評価ではＣということが起こるのです。

　この相対評価は各面接官が行います。当然、同じ受験生でも面接官によって評価が分かれることがあります。しかし、評価を平均するなどして、その受験生の評価を決め、採用・不採用を決定しています。

　以上から、「受験生にとっては総合評定が重要だ」ということがおわかりいただけるかと思います。個別評定がよくても、総合評定（特に相対評価）が低ければ合格は難しいでしょう。個別の評定項目にこだわらず、面接全体の総合評定の向上をめざすのが大切です。

　ちなみに本書では、採点対象を「評定」、採点方法を「評価」と区別し、使い分けています。

Point **6**

面接官は面接中、**何を考え、**
受験生を**どう採点しているか**

面接官は実際にどのように採点しているのか

面接官は質問を 2、3 しただけで、受験生のおおよそがわかる

⬇

面接冒頭の回答と入室時のマナーを見れば、受験生の人柄、本気度、コミュニケーション能力、準備の程度などがわかる

⬇

面接開始 5 分程度で、おおむねの評価を決めてしまう

⬇

しかし、その後の内容によって、評価を変更することも

面接官にも人の好みがある

一人ひとり個性を持った人間が採点しているので、評価が異なることもある

面接官は面接開始5分でおおよその評価を決めている

　実際に面接官はどのように採点しているのでしょうか、まず、面接開始5分程度で、おおよその評価を決めてしまいます。なぜなら、質問を2つ、3つしただけで、受験生の大概のことがわかるからです。

　特に面接の冒頭は、志望動機ややってみたい仕事などを確認する重要な部分です。こうした**冒頭の回答と入室時のマナーを見れば、受験生の人柄、本気度、コミュニケーション能力、準備の程度などがわかるので、おおむねの評価ができる**のです。

　もちろん、当初は緊張していて、時間が経過するにつれてよくなっていく受験生もいます。こうした場合には、当然ながら評価を修正します。反対に、最初はきちんと答えていたのに、後になってしどろもどろになるなどすれば、当初の評価を変更して低い評価にするわけです。

　受験生としては、面接冒頭の出来が悪かったからといって落胆して投げ出すことなく、逆によかったからといって慢心することなく、最後まで緊張感を持って臨むことが重要です（当然といえば、当然のことなのですが……）。

面接官にも個性と人の好みがあるのは当然と受け止めよう

　面接官にも人の好みがあるので、そのことが評価に影響することはあります。もちろん、「女性だから高評価、男性は低評価」や「自分と同じ出身地の受験生だから、高得点にしよう」のような偏ったものはありません。それでは公平な評価とはいえず、面接官として失格です（そもそも公務員としてもダメかもしれません）。

　元気で少し早口でよく話す受験生がいたとします。この場合、会話好きな面接官であれば、

> 話が長いけれど、一生懸命になっている証拠だから問題ない【評価：高評価（B）】

にしたとします。その一方で、寡黙な面接官は

> 少し話しすぎだな。もう少し落ち着きが必要だ【評価：普通（C）】

にしました。

　こうしたことは実際にありえます。AIでなく、**一人ひとり個性を持った人間が採点しているのですから、評価が異なるのは仕方ない**のです。このため、「評価が一致していないのは、おかしい！」と言っても、意味がありません。

受験生の「行政批判」「関係者を知っている」は絶対タブー

なぜ「行政批判」「当局批判」をしてしまうのか

面接官 ● 本市の課題は何ですか

↓

「課題がありません」では回答にならない。どうしても何かしらの課題を述べる

↓

受験生 ● まだ少子高齢化対策が不十分です（！）

↓

「行政批判」「当局批判」になってしまう

「関係者を知っている」アピールは嫌われる

「○○議員を知っている」
「役所の△△部長は、父の知り合いだ」

↓

情実採用すれば問題になってしまう。おおやけになれば、自治体の信用失墜、議員の責任問題にもなる

↓

この受験生はこんな事情もわからないのか……

まさか自分が!?　不用意な「行政批判」「当局批判」に注意

　面接官の個人的な好みではなく、多くの面接官が嫌う受験生のタイプが存在します。その一つが「行政批判」「当局批判」をしてしまう受験生です。「そのようなことをする人が、本当にいるの?」と思うかもしれません。「自治体に採用してほしい!」と思っているにもかかわらず、このような態度になってしまうのは、おかしなことです。しかし、**「行政批判」「当局批判」をしてしまう理由もある**のです。

　面接で自治体の課題を指摘し、その対応策について述べる場面があったとします（かなりの高確率でこうした場面は訪れるでしょう）。たとえば、面接官の「本市の課題は何ですか」との質問に対し、「ありません」では回答になりません。当然、何かしらの課題を述べます。そうすると、「なぜそれが課題なのですか」と再質問され、まだ十分でない点を述べなければならないのです。そうした際に、「少子高齢化対策が不十分です」のように、当該自治体を批判してしまうのです。

　「課題」と「行政批判」「当局批判」は紙一重なので、注意が必要です。ちなみに、こうした際は

> 市も対策を行っていますが、依然として○○などの課題があると思います

のような回答がよいでしょう。

「関係者を知っている」アピールは面接官の反感を買う

　「関係者を知っている」ことをアピールする受験生も嫌われます。「○○議員を知っている」「役所の△△部長は父の知り合いだ」など、やたら役所関係のつながりをアピールする人がいます。

　そうしたことを話す受験生の心理としては、「役所との関係をアピールして、何とか採用されたい」ということなのかもしれませんが、それは決してプラスになりません。公平・公正を旨とする公務員が情実採用をしたら、大問題です。そのことが表沙汰になったら、自治体の信用失墜だけでなく、議員の責任問題などにもつながってしまいます。

　「そうした事情をわからないのか」と、面接官は苦々しい気持ちを抑えて、受験生にほほえむのです。確かにかつてはそうしたことはあったのですが……。公務員は、情実採用はもちろんのこと、リファラル採用（自社の従業員に採用候補者を紹介してもらう採用方法）をしないのが基本です。

受験生の服装、スマートな マナー・所作の基本

服装のチェックリスト

- □ 服装に汚れ、乱れ、シワがない
- □ スーツの場合、男性は濃紺・黒、女性は黒が無難
- □ シャツ・ブラウスは白で、シンプルなデザイン
- □ クールビズの場合、ノーネクタイ・ノージャケット
- □ 靴は黒
- □ 汗、臭いなどにも注意する

マナー・所作のチェックリスト

- □ ドアの前に立ちノックを 2 〜 3 回する
- □ 面接官の「どうぞ」の声があったら、静かにドアを開け、入室後、閉める
- □「失礼いたします」と言い、お辞儀をする
- □ 椅子の横まで進み、背筋を伸ばして立つ
- □ 受験番号と氏名を言い、「よろしくお願いいたします」と言って一礼する
- □ 面接官の「お座りください」という指示で椅子に座る
- □ 背筋を伸ばして浅めに座る
- □ 男性は、両手を軽く握り太ももの上に置き、足は肩幅ぐらいに開く
- □ 女性は、一方の手にもう一方の手を重ねて膝の上に置き、足は閉じる

清潔で社会人にふさわしい服装なら問題なし

面接にどんな服装で臨むめばいいのか、面接で問われるマナーや所作を知りたい受験生は多いでしょう。面接官は受験生のどこを見て、チェックしているのでしょうか。

まず、服装です。基本的に社会人として適切なものであれば問題ありません。あくまで公務員試験なので、あまりに個性的な服装は NG です。なお、クールビズで構わないとの指示があれば、ノーネクタイ・ノージャケットで大丈夫です。自治体がそのように指示しているのですから、「実はスーツを着ないと減点になる」などと勘繰る必要はありません（さすがに、自治体職員もそこまで人は悪くありませんよ）。

なお、**服装で注意したいのは清潔さ**です。服にフケがついている、汗だくになっているなどは困ります。やはり面接直前には、鏡で自分の姿を確認して、面接に臨みたいものです。

マナー・所作は動画で確認しておくのがお勧め

マナー・所作については、入退室および面接官との受け答え時のものが主になります。左ページのレジュメのチェックポイントを活用してください。

マナー・所作が完璧でないからといって、大きな減点になることはありません。あまり神経質になる必要はありませんが、きちんとできていなければやはり減点の対象にはなります。つまらないことで減点になってしまうのは、もったいないことです。

マナー・所作ができていないと、面接官は「この受験生は、きちんと学んでいないのだな」と、受験生に対してマイナスの印象を持ってしまいます。そうすると、その後の採点に影響してしまい、結局は損になるので注意が必要です。面接官は、こうした細かい点に受験生の本気度を見るのです（減点社会で生きる公務員は、ミスを見つけるのが得意なのです）。

入退室にかかわる一連の動きや面接時の姿勢などを、動画などでぜひ確認しておきましょう。 動画で見れば、よく理解できるはずです。

服装・マナー・所作については、模擬面接を受けて第三者に客観的にチェックしてもらうとよいでしょう。自分では気づかなくても、他人からすると結構気になるということは、よくあることです。

特に、面接官とのやり取りが長く続くと、足が開いてきたり、椅子に寄りかかったりしがちです。注意しましょう。

明るくハキハキ、**会話の**キャッチボールを心掛けよう

緊張している受験生が暗い顔でボソボソ話すと…

面接官は「住民対応をできないのでは？」などと不安に思ってしまう

↓

明るくハキハキと答える

質問に受験生が長々と答えると…

面接官としては、受験生の演説を聞かされているようなもの

↓

面接官の質問に、結論だけを簡潔に答えるようにする

↓

面接官「それは具体的にどういうことですか？」

↓

会話のキャッチボールが始まる！

明るくハキハキで、面接官の不安を払拭してほしい

　面接官との受け答えでは、「明るくハキハキと、会話のキャッチボールを行う」ことを意識しましょう。

　受験生が面接でとても緊張することはよくわかります。この過程や結果が、自分の人生に大きな影響を与えるかもしれないのですから。しかし、それを承知のうえで、面接官の視点にもなってほしいのです。**緊張した受験生が暗い顔をしていたり、ボソボソ話していたりすれば、やはり面接官は「この人は、住民対応ができないのでは?」などと不安に思ってしまいます。**

　取り調べや尋問を受けているかのように、受験生が堅苦しい答えばかりを述べていたら、面接官も緊張してしまいます。そして、「この受験生は、本当はどのような人なのだろうか」との疑問が、面接官の頭の中にいつまでも残ってしまいます。これでは積極的に採用しようとは思いません。固くなってしまいがちですが、やはり、明るくハキハキと答えることを意識したいものです。面接官を不安に陥れないでください!

「具体的には?」から会話のキャッチボールを始めよう

　そして、会話のキャッチボールを意識してください。キャッチボールとはつまり、**面接官と受験生との間で、リズムよくやり取りがされる**ということです。

　ある受験生が、一つの質問に対して、

①結論　②結論の理由　③結論に関するエピソード　④結論に関する時事

までよどみなく一気に答えたとします。受験生としては、完璧に答えたつもりかもしれませんが、もはや会話ではありません。面接官は、演説を聞かされているようなものです。これでは、受験生と面接官の心の距離は近づきません。

　皆さんは友人や家族との間で、会話のリズムを感じることはありませんか。ときには一人が話し続ける場面もあるでしょう。しかし、ずっと話し続けるなら、それは会話とはいえず、一方は「聞き役」にすぎません。これでは両者の仲は深まりません。

　1回に話す適切な時間は、一律に決められません。「志望動機を述べてください」と「趣味は何ですか」では、要する時間は異なります。会話に当たっては、まずは面接官の質問に、結論だけを簡潔に答えましょう。そのうえで、面接官に「それは具体的にどういうことですか?」という一言を言わせてあげてください。その後に、説明を加えたほうが自然です。

「この人と**一緒に働きたい！**」 と面接官に思わせよう

面接官の究極の判断基準

「この受験生と一緒に仕事をしたいか」

⬇

職員を採用するということは、自分たちと同じ仲間になるということにつながる

⬇

面接官は、受験生が職場にいたら、うまくやっていけそうかとイメージする

⬇

そのときの思いが、面接の結果に表れる

受験生への注意点

①見え透いたうそや取り繕った態度などは必ずばれる
②面接官の言うことを無批判に受け入れない

究極の判断基準は「一緒に仕事をしたいか」

　面接官は、さまざまな視点から受験生をチェックします。コミュニケーション力、明るさ、論理的に話ができるかなど、いくつかのチェックポイントがあります。しかし、

究極の判断基準は、「この受験生と一緒に仕事をしたいか」

といってもよいでしょう。

　なぜなら、職員を採用するということは、自分たちと同じ仲間になるということになるからです。面接官であるベテラン職員であれば、「いつかは、自分の同僚や後輩になるかも」と思うのは、自然な気持ちです。そして、自分の職場を思い出し、もしこの受験生が職場にいたら、うまくやっていけそうかとイメージするわけです。

　面接の受け答えの様子から、「仕事を頼んだら、テキパキと処理をしてくれそう」と期待したり、「周囲の職員とうまくコミュニケーションがとれないかも」と不安になったりするわけです。それが、面接の結果に表れるのです。

偽りや取り繕い、安易な妥協は自分の信頼を損ねてしまう

　これは単に受験生の好き嫌いということではありません。面接官は長年、役所で働くベテランです。多くの人間と仕事をしており、たくさんの新人を指導してきた職員でもあります。そのため、受験生はもちろんのこと、すでに公務員となっている者であっても、「どのような人間なのか」はおよそ察しがつきます。そこで、皆さんには次の点を覚えておいてほしいのです。

①見え透いたうそや取り繕った態度などは必ずばれる
②面接官の言うことを無批判に受け入れない

　まず、①について「自分の本当の弱点は違うけれど、面接用にこれでいいや」などと、安易に面接シートに記入してしまうと、面接で面接官に追及されて、「うそだ！」と見抜かれてしまいます。

　②について、「○○のようなことがあったら、どうしますか？」などの問いに、受験生が「△△です」と答えると、「本当に△△でよいのですか？」と面接官が追及することがあります。このときに動揺してしまい、本当は自分の意見が正しいと思っているのに、「私が間違っていました」と無批判に受け入れてしまう受験生がいます。しかし、これでは「きちんと考えていないな」と主体性が疑われてしまいます。安易な妥協は信頼を損なうのです。

個別面接以外の
いろいろな**面接スタイル**

　個別面接以外にもさまざまな形式の面接があります。本書では面接形式を次のように分類して、それぞれの特徴を説明します。ただし、自治体によって、名称は同じでも内容が異なっていたり、名称が異なっていても内容が同じだったりすることもあります。自分が受験する自治体の試験内容に応じて、適宜読み替えてください。

　また、集団面接は、①個別面接を順番に行うもの、②同じ質問をそれぞれの受験者に問うもの、③受験者が互いの回答について考えや意見を述べるものなどに分類されます。①、②は個人面接と実質的には変わらないため、ここでは③を集団面接としています。

面接形式	内容と特徴
集団面接	複数の受験者を1回の面接で評価する方式で、受験者が互いの回答について考えや意見を述べることも
集団討論・グループワーク	面接官は主導せず、受験者どうしが議論を行うのがメインの面接方式
プレゼンテーション面接	与えられたテーマについて面接官の前でプレゼンテーションを行う
Web面接	Zoom などの Web 会議システムを用いて面接を行う
AI面接	人間の代わりに AI が面接を行う
動画録画面接（ビデオ面接）	あらかじめ指定された質問に対する回答を受験者が録画し、そのファイルを自治体に送る

集団面接

面接形式

　複数の受験者を1回の面接で評価する方式で、受験者が互いの回答について

考えや意見を述べる

ポイントと対策

他の受験者と比較される。対策は、

● 他の受験者と回答が似ていても、自分の意見を加える
● 他人の意見を覚えておく
● 他人の意見をむやみに否定しない

集団面接の実際

　受験者は3〜6人程度、時間は30分〜1時間程度です。手順としては、

①面接官がテーマを与える→②受験生は一定時間テーマについて考える→③面接官がテーマについて受験生に質問する

という流れが一般的です。なお、面接官がテーマを与えるだけで、後は受験者が自主的に議論を行うものは、本書では集団討論・グループワークとし、後述します。

　テーマが「人口減少対策について」で、受験生が5人（A〜E）いたとします。面接官は最初にテーマを示し、受験生に考える時間を与えます。その後、受験生に「あなたが考える人口減少対策を述べてください」と言い、一人ひとりに答えさせます。

　このとき、後に答える受験生は、前の受験生が答えてしまっているので、答える内容がなくなっていきます。ただ、その場合でも「Aさんとほぼ同じですが、私としては○○も行うべきと思います」のように**自分の意見を付け加えることが大事**です。まったく自分の意見がないのは、考えていないように見られるからです。

　また、**他人の意見を覚えておくことも必要**です。各受験生がひととおり回答した後、「Bさんは△△が有効と言いましたが、これに対してAさんはどう思いますか」のように見解が問われるからです。この場合、**むやみに他の受験生を否定するのはNG**です。他人の意見に対する評価を述べる際には、よいところは取り入れる、自分の意見に間違いがあれば修正するなども行います。このように、**集団面接では他の受験生と比較されることがポイント**なのです。

集団面接の質問例

「最近のニュースで気になったこと」「わが市の人口を増やすのに効果的な施策は何か」など。

集団討論・グループワーク

面接形式

面接官は主導せず、受験者どうしが議論を行う

ポイントと対策

受験者の自主的な運営に任される。対策は、
- 積極的に議論に参加すること
- 他の受験者の意見をよく聞き、それを活かすこと

集団討論・グループワークの実際

　集団討論は通常、4～12人程度のグループで討議し、1つのテーマについてグループとしての結論を出します。討議の時間は45～60分が一般的で、最初に10分程度、考えをまとめる時間が与えられることもあります。討議の進め方は受験生に任されることが多く、冒頭に各メンバーが意見を述べたうえで討論に入るというケースもあります。その後は、

①司会や書記などの役割分担→②議論の手順や進め方の確認→③時間配分の決定→④討論→⑤グループとしての意見集約→⑥発表

のような流れになることが一般的です。

　グループワークは、この集団討論の作業版ととらえておいて構いません。

　テーマについては、一次試験の合格発表とともに合格者に伝えられる場合と、試験当日に発表される場合のどちらもあります。なお、実際のテーマの内容は、一般的な社会課題や行政が直面する課題など、さまざまです。

　集団討論・グループワークではグループへの貢献が評価されます（「自分の意見がどの程度取り入れられたか」ではありません）。それにはまず、**積極的に議論に参加すること**です。仮に司会役でなくても、結論を導くため、積極的に議論に参加することが求められます。全然発言しないのでは評価につながりません。反対に、自分の意見だけを主張したり、自分の意見がなく、単に他の意見に追従したりする態度はNGです。

　次いで、**他の受験生の意見をよく聞き、それを活かすこと**です。グループワークなどでは、自分の意見を言うことも大事ですが、グループとしてテーマに対する議論を深めることが目的です。この際、誰か1人の意見だけを取り上げて、

それをグループの結論にするのでは意味がありません。反対に、受験生全員の折衷案であればよいというものでもありません。お互いの議論によって、よいところは取り入れ、実現困難ならば不採用とするなど、さまざまな意見が精製されて、一定の結論を導くことが大事なのです。

集団討論・グループワークの課題例

※ Chapter 7 を参照

プレゼンテーション面接

面接形式

与えられたテーマについて面接官の前でプレゼンテーション（プレゼン）を行う

ポイントと対策

プレゼンの内容や構成は受験者が考える。対策は、
● テーマに対する自己の主張を明確にする
● 自己の主張への反論への対抗策を検討しておく
● 必ずプレゼンの模擬発表を行う

プレゼンテーション面接の実際

　この方式が採用されることになった背景として、個人面接の対策が充実してきたため、マニュアルどおりに回答する受験生が増え、受験生の間で差がつかなくなったことが指摘されています。

　プレゼンの内容や構成などは、受験生本人が考えて決定するので、受験生の実力が把握しやすいとされています。評定基準は、論理性、表現力、自己統制力などで個人面接と違いはありません。

　実施方法は、次のとおりです。

①受験生にテーマが伝えられる→②テーマについて主張をまとめる→③面接官の前で発表する→④面接官が受験生に質問する

　テーマは面接当日に伝えられることもあれば、筆記試験の合格発表後に伝え

られることもあります。内容は「自己PR」や「これまでの経験がどのように市政に反映させられるか」など、個人面接とあまり変わりません。

　プレゼン時間は3〜10分程度、その後、面接官からの質問が15分程度あるようです。事前にパワーポイントなどのファイル（資料）を用意したり、プレゼン中は、ホワイトボード使用可というケースもあります。

　プレゼンテーション面接の対策は、第1に、**テーマに対する自己の主張を明確にすること**です。単なる思いつきでなく、根拠、理由、必要性、正当性を論理的に説明することが必要です。

　第2に、**自己の主張への反論への対抗策を検討すること**です。自己の主張については、必ず面接官から反論や追及があります。テーマが事前発表される場合であれば、想定問答の準備をしておくとよいでしょう。

　第3に、**必ずプレゼンの模擬発表を行うこと**です。試験当日前に練習して、わかりやすい話し方になっているか、制限時間内に収まるか、身振り手振りなどの所作はどうかなどを、確認しておきましょう。

プレゼンテーション面接の課題例

※ Chapter 7 を参照

Web面接・AI面接・動画録画面接（ビデオ面接）

面接形式

Web面接
Zoom などの Web 会議システムを用いて面接を行う

AI面接
人間の代わりに AI が面接を行う

動画録画面接（ビデオ面接）
あらかじめ指定された質問に対する回答を録画し、そのファイルを自治体に送る

ポイントと対策

新しい面接方法で、実施している自治体は少ない。対策は、

● 自治体から発表される注意事項を確認する
● パソコンやソフトウェアの扱いに注意する

Web面接・AI面接・動画録画面接（ビデオ面接）の実際

　新型コロナウイルス感染症流行の影響などもあり、自治体によっては面接官と受験生が対面しないWeb面接などが実施されるようになりました。こうした面接は、対面面接の対象者を事前に絞るために実施するという意味もあります。しかし、試験における面接としての位置づけに変わりはないので気は抜けません。

Web面接

　画面を通じた面接ながら、面接官はいるので、服装や話し方などは、対面と同様に注意する必要があります。そのうえで、**①パソコンや通信環境などを確認しておく、②周囲の騒音やスマートフォンの通知音などが入らないようにする、③部屋を適度な明るさに保つ**など、面接当日前に確認しておきましょう。

AI面接

　人間の代わりにAIが面接を行うものです。実施例はYouTubeなどに掲載されているので一度見てみてください。**質問は、人間が行う内容と同様で、基本的な準備は変わりません。**AI面接が導入された理由は、AIにより評定基準が公平公正になる、受験生の都合のよい時間、よい場所で面接できるなどがあります。なお、パソコンではなく、スマートフォンで行われることもあるので、バッテリー切れや、声が小さくならないよう配慮しましょう。

動画録画面接（ビデオ面接）

　あらかじめ指定された質問に対する回答を受験者が録画し、そのファイルを自治体に送るものです。このため、**撮り直しも可能**です。この方式が導入される理由としては、受験生の都合のよい時間、よい場所で面接できる、自治体は受験生が納得した内容を知ることができるなどがあります。

Web面接・AI面接・動画録画面接（ビデオ面接）の質問例

　「志望動機」「やってみたい仕事」「学生時代に力を入れたこと」など、基本的に個別面接と同じです。

教えて！ 春日先生

趣味をアピールしていいですか!?

（受験生）告白すると、実はアタシ、「同人オタ」なんです。そんな興味や活動を面接でアピールしちゃダメですよね。カミングアウトしたら……面接官はきっと引いちゃうだろうなあ。

（春日文生）同人誌活動やオタク趣味がダメということはない。大事なのは、面接官にどう説明するかだよ。

わあわあ、本当ですか？

ひたすら自宅にこもって作業や活動に没頭していて、他者とのかかわりを持たなかったと説明すれば、面接官は「ほかの人とコミュニケーションをとれないのでは」と疑って、採用を躊躇してしまうだろう？

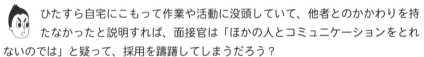確かに、執筆に熱中して、その間は家族とも話さないこともあるし、1日中、部屋に閉じこもったままということもあるけど。そこをフォーカスしてはまずいと……。

しかし、趣味仲間との付き合いや交流を図りつつ、活動に熱中していると説明できれば、それは「対人関係を築くスキルがあって、グループ活動できる人」「一つのことに集中して取り組める人」という見方をしてもらえる。

どこに着目するかですね。

そのとおり。つまり、一般的な公務員が働く姿を想定し、そのイメージに合致する部分をアピールすればいいんだ。たとえば、グループでの役割、自らのアイデアの発表、イベントの企画など、いろいろアピールできる点はあると思うよ。自分が熱中してきた趣味や活動を卑下する必要はまったくないさ。

やったー！ 勇気がわいてきましたよ！

受かるシート・ダメなシートの分かれ目

エントリーシートは受験生が提出する書類のひとつ。一次試験合格後に配付されることが多いですが、試験申込時に提出を求める自治体もあります。面接シート、アピールシート、自己紹介書など受験機関によって名称は異なりますが、内容に大きな違いはありません。記入された内容をもとに面接が行われるのはもちろん、一次試験の書類選考で用いられる場合もあります。書き方次第で、あなたの評価を上げたり下げたりもする大変重要な存在なのです。

シート記入からすでに試験は始まっている

エントリーシートや面接シートとは

- 名称は、エントリーシート、面接シート、アピールシート、自己紹介書などさまざまだが、内容には大きな違いはない
- 学歴や職歴、志望理由、自己の長所などを記載するもので、自己アピールのために用いられる

一次合格後に配付されることが多い

申込時は住所・氏名などの最低限の内容を入力し、一次試験（筆記試験）合格者に面接シートなどが配付される

申込時から、シートを提出するケースもある

①一次試験の書類選考で活用している自治体
- シートの内容により一次試験の合否を決定する

②面接で活用している自治体
- 一次試験（筆記試験）の合否に関係なく、シートを申込時に提出

↓

事前によく考えてシートを記入することが必要

シートは一次合格後に配付されることが多い

　エントリーシート（ES）・面接シート等（以下、シート）の配付時期は、自治体によって異なります。たとえば、申込時は住所・氏名等の最低限の内容を、自治体のホームページに入力するだけということがあります。この場合、一次試験（筆記試験）の合格者にのみシートが配付され、それをもとに二次試験（面接試験）が行われるのです。基本的には、こうした自治体が多いです。

申込時にシートを提出する自治体は油断しないで！

　一方で、申込時からすでに試験が始まるケースもあります。たとえば、**一次試験が書類選考の場合です**。「脱・公務員試験」を掲げている神奈川県茅ケ崎市では、一次試験がシートによる書類選考となっています。シートを提出して、それによって一次試験の合否が決まります。

　東京・特別区のように、受験申込みの時点で、面接シートなどの提出を求める自治体もあります。仮に一次試験の筆記試験が不合格であれば、当然、そのシートは活用されないのですが、それであっても申込みの際に、面接シート等を提出するわけです。

　こうしたことがあるため、シート提出までに時間がないからといって、「ひとまず提出しておけばいいや」と、いい加減な内容で書いてしまうと面接で困ってしまうので、十分注意が必要です。

　見方を変えれば、**シート提出時には、すでに面接対策ができていることが必要**なのです。「どのようにして自分を理解してもらうか」「エピソードとして何を話すか」などを踏まえ、採点官に「この受験生を採用したい」と思わせることが必要です。

　なお、1点注意してほしいことがあります。民間企業向けの就職対策本などに、採用してほしいことをアピールするため、申込書提出に当たり会社に何度も問い合わせたり、直接会社に訪問したりして自分をアピールせよと勧めているものがあります。

　しかし、公務員試験ではこうした行動はかえってマイナスです。公平・公正を重視する自治体は決められた方式で採点するので、イレギュラーなことを嫌がります。もし、「自分はそれで採用された」などという人がいると、住民からもクレームが来てしまうので、そうした行動はプラスにはなりません。反対に、そのように頻繁に通っていたら、顔を覚えられてブラックリストに登録されてしまうかもしれません。ご注意を。

志望理由は このチェックポイントを 押さえて固めよう

自己分析しなければシートを書くことはできない

相手に「採用したい！」と思ってもらうためには、志望理由や自分の強みをよく考えて伝えなくてはいけない

シートは主に2つの内容に分けられる

①**志望理由**
②**個人的な内容**（「長所」や「学生時代に力を入れたこと」など）

志望理由のチェックポイント

- なぜ民間企業ではなく、公務員なのか
- 公務員の中で、当該自治体を選んだ理由は何か
- なぜ都道府県でなく、市区町村を選択するのか（もしくはその逆）
- 当該自治体職員として、従事したい業務は何か
- その業務は、民間企業やその他の団体でもできないのか

志望理由を考えるに当たって確認しておくこと

　自己分析をしなければシートを書くことができないのは、当然のことです。自分のことがよくわかっていないのに、相手に自分をわかってもらうことなど不可能です。**相手に「採用したい！」と思ってもらうためには、志望理由や自分の強みをよく考えて伝えなくてはいけません。**では、具体的にどのようにすればよいでしょうか。

　シートは大きく、志望理由と、「長所」や「学生時代に力を入れたこと」などの個人的な内容の２つに区分することができます。

　まず志望理由ですが、おおむね左ページの志望理由のチェックポイントを確認しておく必要があります。

　なお、志望理由を考える際には、「自分に向いている」や「業務内容に興味がある」といった自分視点ではなく、「市や市民のために貢献したい」という相手視点で考えるようにしてください。面接官からすれば、「この受験生は、どのような興味を持っているのか」に関心はなく、「市や市民のために何をしてくれるのか」という点がより重要なのです。

都道府県と市区町村の業務を志望動機に関連づけよう

　多くの受験生が戸惑うのは、都道府県と市区町村の業務の違いでしょう。教科書的な説明をすれば、地方自治体は、住民の福祉の増進を図ることを基本として、地域における行政を自主的かつ総合的に実施する役割を広く担うとされています（地方自治法１条の２）。

　これを志望動機と関連づけて考えてみましょう。広域自治体である都道府県であれば、

● 都道府県内の市区町村を支援することにより、都道府県民全体の福祉向上に
　かかわりたい
● 都道府県が中心に行う業務（たとえば、労働、病院、高校など）に従事したい

などが考えられます。市区町村であれば、

　住民とじかに接する仕事がしたい

が鉄板です。各自治体が作成する総合計画などを見ると、どのような事業を行っているのかがわかります。

「自治体職員として
役立つこと」を長所にしよう

「長所」などの個人的な内容をどう書くべきか

シートにおける個人的な内容の例
- 学生時代に力を入れたこと
- これまでにやり遂げたと思うこと
- これまでの最大の失敗
- 長所・短所
- 趣味・特技
- 自己 PR

「自治体職員として役立つこと」を前提に考える

しかし、すべてがそうした視点では、堅苦しい

このため、自分の人柄や性格におけるお茶目な面など、意外な一面を見せることも意識する
- 例：特技はどこでも寝られること

その長所は「自治体職員としていかに役立つのか」

志望理由とともに大きな柱となる個人的な内容については、

などが考えられます。こうした**個人的な内容については、基本的に「自治体職員として、いかに役立つのか」**という点で考えるようにしてください。

たとえば、長所として「どこでも寝られること」と書いたとしても、それが自治体職員として、具体的にどのように役立つのかは、面接官にはわかりません。「これまでにやり遂げたと思うこと」として、「3,000ピースのジグソーパズルを完成させたこと」としても、面接官は「だから、何?」と思ってしまうでしょう。「根気強い人だな～」と思ってくれる面接官もいるかもしれませんが、それが採用面接において効果的なアピールかと問われれば、疑問が残ってしまいます。

仮に「学生時代に力を入れたこと」が、ゼミ活動だったとします。この場合、他のゼミ生とのコミュニケーションやチームワークなどを強調すれば、自治体職員となっても、他の職員と良好な関係を構築できそうなことを面接官は想像できます。このように、基本的には「自治体職員として、いかに役立つのか」との視点で書きます。

まじめ一辺倒ではつまらない、意外な一面でアピールしよう

ただし、個人的な内容が、すべて「自治体職員として、自分は役立ちます!」だけのアピールだけというのも少し考え物です。志望理由以外すべてそうしたアピールだけでは嫌味にも感じますし、それだけでは、堅苦しい、まじめ一辺倒のシートになってしまうからです。これでは面接官も息が詰まってしまいます。

そのため、**自分の人柄や性格におけるお茶目な面など、意外な一面を見せることも意識してください**。志望理由からずっとまじめな内容が続くものの、最後の「趣味・特技」の欄で「特技:どこでも寝られること」などと書いてあると、面接官は思わず「これって、どういうことだろう」と注目してしまうでしょう。これまでの内容からは、まじめな人間としか映らなかった受験生が、急に人物的に面白く、興味ある人物に見えてくるからです。

こうした内容は、受験生の人柄などをアピールするうえでとても効果的です。単なるウケねらいでなく、面接で盛り上がりそうな内容を選びましょう。

Entry 4 面接の**状況**や**展開**を 想定してシートを書こう

面接を想定して書く

シートは必ず面接で使用されるので、面接を想定してシートを記入することが大事

面接を想定したシート記入のポイント

①エピソードなどすべて書かず、面接のために質問を残しておく
- 大まかな概要だけを記載し、詳細については面接で質問されるようにする
- 面接官に「この点について、もう少し話を聞きたいな」と思わせる

②再質問・再々質問を想定してシートを書く
- 書いてあることについて厳しくつっこまれて、答えに困るような内容では困る
- 受験生によっては、シートに書いてあることは立派だが、よくよく聞いてみると、中身がなかったり、受験生の勝手な思い込みだったりする

エピソードはすべて書かず、質問の余地を残しておこう

面接では、シートが必ず活用されます。通常、面接官はシートを事前にチェックして、面接に臨みます。このため、シートを記入する際の前提として、

> **シートをどのように書けば、面接にとってより効果的か**

という点を意識することが重要となります。この具体的なポイントとして2点挙げておきましょう。

1点目は、**エピソードなどの具体的内容をすべて書かず、面接官が質問できる内容を残しておく**ことです。たとえば、「これまでに最も実績を残せたと思うこと」であれば、エピソードも含めてすべてを事細かに記入するのでなく、概要だけを記載し、詳細については面接で質問されるようにするのです。

つまり、面接官に「この点について、もう少し話を聞きたいな」と思わせるよう、シートに余韻を残しておくことです。シートにすべてのことを記入してしまうと、「この内容について質問しても、きっとここに書いてあることを答えるんだろうな」と面接官が質問を止めてしまうのです。

再質問・再々質問を想定してシートを書こう

2点目は、**再質問・再々質問を想定してシートを書く**ということです。面接では、一つの質問を深く掘り下げていきます。たとえば、「あなたの長所は何ですか」が最初の問いであっても、その後に

> ● 長所が発揮できたと思うエピソードを教えてください
> ● なぜ、それを長所だと思うのですか
> ● それは、本当は短所ではないですか

と、質問を掘り下げていくのが一般的です。

シート記入に当たっても、こうした再質問・再々質問を想定することが大事です。書いてあることについて厳しくつっこまれて、答えられないような内容では困ります。受験生によっては、シートに書いてあることは立派なのですが、よくよく聞いてみると、中身がなかったり、受験生の勝手な思い込みだったりすることが少なくありません。

面接対策がうまい受験生は、再質問・再々質問への答えも用意しています。そうした受験生を見ると「よく対策を練っているなあ」と感心させられます。ただし、こうしたとき、面接官もあえてシートの内容とまったく関係ないことを質問します。敵（?）もさる者です。

戦略的にシートを書いて「この受験生の話を聞いてみたい」と思わせよう

面接官を無視したシートは NG

自分本位のシートが多すぎる。具体的には……
- スペース（枠）が広いのに半分も書いていない
- スペース（枠）いっぱいに細かい字でびっしり書いてあって、読みにくい
- 文字が殴り書き、など

面接官の視点で考えることが重要

「この受験生は魅力的だ」と思わせる内容にする

↓

自分の「アピールポイント」や「得意分野」に面接官を引き込むようにシートを記入する

エピソードの内容に注意する

エピソードの内容が具体的で説得力がないと、面接で高得点は期待できない

自分本位のシートがあまりにも多すぎる

　シートは戦略的に書く必要があります。これは受験生の皆さんに覚えておいてほしいポイントの一つです。なぜなら、多くのシートを読んでいる面接官の立場からすると、単に**自分が書きたいこと、書けることを思いつくままに書いているシートがあまりにも多い**からです。

　記入するスペース（枠）が広いのに半分も書いていない、反対に、スペース（枠）いっぱいに細かい字でびっしり書いてあって読みにくい、文字が殴り書きなど、**面接官を無視したシートは本当にたくさんある**のです。そうすると、面接官は、「この受験生は自分のことしか考えていない」と判断します。

　特に、志望理由の

- ○○に興味・関心がある
- △△が自分に向いている

などの自分視点の表現はそれの最たるものといってもよいでしょう。こうした記述をしているだけで、面接官は違和感を覚えてしまいます。

「この受験生は魅力的だ」と思わせるシートをめざそう

　理想は、受験生をまったく知らない面接官がシートを一読したとき、「この受験生は魅力的だ」「この人の話を聞いてみたい」と思わせる内容です。それが、効果的なシートです。シートが書類選考になっている自治体であれば、採点官がそう思ってくれなければ不合格です。そのため、シートの各項目について、どのような記述が望ましいのか、十分検討する必要があります。

　具体的には、**自分の「アピールポイント」や「得意分野」に面接官を引き込むようにシートを記入する**ことです。その際、「自治体職員として、どのよう役立つのか」が重要なポイントです。「何を書いたら、自分を効果的にアピールできるのか」を検討してください。

　注意してほしいのはエピソードの内容です。「あなたがこれまで成し遂げてきたこと」でも、「長所」でも、具体的なエピソードがあるはずです。これは、必ず面接で聞かれます。

　たとえば、面接で「あなたの強みは何ですか」と聞かれ、「自ら課題を発見し、解決できる力です」と答えれば、必ずその後に経験談を述べることとなります。この**エピソードの内容が具体的で、説得力のある内容でないと、面接で高得点は期待できません**。「強みは○○です。でも特にエピソードはありません」では、面接官も「おい、おい……」と困ってしまいます。

Entry **6**

アピールポイントには
必ず**理由**を添えよう

本当にそれがアピールポイントになるのか検証する

受験生がアピールポイントと思っていても、採用者側にはそれが理解されないことがある

アピールポイントの証明方法

①客観的な評価や事実
- 成績優秀者となり、学費が免除になった
- 簿記2級を取得した、など

②先生や他人の評価
- 教授から「わかりやすいレジュメだ」と評価された
- アルバイト先の店長から、「新人マニュアルを作ってもらって、とても助かった」と言われた、など

受験生にはアピールポイントを証明する義務がある

　シートに書くアピールポイントは非常に重要です。受験生からすれば、それが「売り」であり「セールスポイント」だからです。しかし、それが本当にアピールポイントになっているのか、必ず客観的に検証してください。なぜなら、受験生本人が「これが、自分のアピールポイントだ！」と思っていても、面接官からすれば疑問に思ってしまうことが結構あるからです。

　受験生は「これが、アピールポイントだ！」と考えて、シートに記入するかもしれませんが、それが客観的に見て本当に立派なことなのかは、基本的に読み手にはわかりません。「成績優秀者となり、学費が免除になった」「簿記２級を取得した」、など公にわかるものであれば証明になります。

　しかし、多くの受験生のアピールポイントは、そのように誰の目にも明らかな内容であることはあまりありません。このため面接官は「課題解決力があると言うけど、なぜそう断言できるの？」などと、受験生を疑ってしまうのです。受験生はどうしても面接官を納得させることが必要です。

客観的な評価や事実、他人の評価で証明しよう

　では、実際にどのようにアピールポイントを証明すればよいでしょうか。

　１つ目は、**客観的な評価や事実**です。

- 成績優秀者となり、学費が免除になった
- 簿記２級を取得した

など、何かしらの客観的な評価や事実があると説得力は高まります。その内容は、必ずしも世間一般には知られていなくても構いません。「学生時代に力を入れたこと」を記入する場合、単に「ゼミ活動」よりも

ゼミ活動に力を入れて、他大学とのディベート対抗戦で勝利した

としたほうが説得力は高まります。

　２つ目は、**先生や他人の評価**です。新卒受験生であれば、客観的な評価などを示すことは難しい場合があります。こうした際は、

- 教授から「わかりやすいレジュメだ」と評価された
- 店長から、「新人マニュアルを作ってもらって、とても助かった」と言われた

などと記載してもよいでしょう。

　シートにうそを書いてはいけませんが、こうした記述があるだけで、単なる自己主張よりも説得力が増します。

シートは**最低8割**埋める。字は**適度**な**大きさ**で**丁寧**に書こう

シートの種類

①原稿用紙のようにマスが決められ、「600字程度」などと指定されている
②大きな四角の枠だけが決められている
③罫線が引かれている

指定分量の8割程度は最低でも書く

● 分量が少ないと、受験生の真剣さが疑われる
● 指定されたスペースに収まらないからといって、自分で別紙、枠、罫線を追加するのはNG

文字は適度な大きさで書く

文字は大きすぎず、小さすぎず、読み手が読みやすい大きさで書くことが大事
● 小さい字でびっしり書いてあるシートは、読み手を配慮していない
● 面接官は何回も読み直さなければ理解できない

文字は丁寧に書く

● 文字の上手・下手は関係ない
● 殴り書きでは、受験生の真剣さが疑われてしまう

最低でも指定文字数・分量の8割程度は書く

シートの様式は自治体により異なりますが、大きく次のように分類できます。

①原稿用紙のようにマスが決められ、「600字程度」などと指定されている
②大きな四角の枠だけが決められている
③罫線が引かれている

①であれば、できるだけ上限ぎりぎり、最低でも8割程度の文字数で書くことが必要です。反対に、指定文字数が600字なのに大幅に超過したり、勝手に別紙を追加したりするのはルール違反です。

②、③でも**指定された分量（枠や大きさ）の8割程度が書かれていることが必要**です。これも指定枠や罫線範囲で書き終わらず、枠や罫線を勝手に追加してはダメです。自治体によっては「別紙（別シート・別ファイル）の添付等は認めない」とわざわざ明記していることもあります。

最近では、シートのデータファイルを受験生自身がダウンロードして、入力することも多くなりました。この場合も「行・列の挿入や高さ・幅の調整は行わないこと」が原則です。

文字は下手でも構わない、読み手の身になって丁寧に書こう

シートを手書きで作成する場合、文字の大きさはどれくらいか適当か、悩む受験生もいるでしょう。答えは「**適度な大きさで書く**」です。「答えになっていない！」と怒られそうですが、「文字は大きすぎず、小さすぎず、読み手が読みやすい大きさ」としかいいようがないのです。

仮に、びっしりと小さい字で埋められたシートがあったとします。受験生としては、一生懸命さをアピールしたつもりかもしれませんが、「この小さい文字を読め」というのは、読み手に配慮したシートとはいえません。ダウンロードしたシートに入力する場合も、文字の大きさに注意してください。「入力に当たっては、文字のサイズは11ポイント」などと指定されていればそれに従います。特に指定のない場合は、質問文の文字サイズを目安としてもよいでしょう。

そして、特にお願いしたいのは、「**文字は下手でもよいが、必ず丁寧に書くこと**」です。これも読む人の立場で考えてみてください。「ぜひ採用してほしい」という受験生のシートが殴り書きであれば、やはり採用者側は受験生の真剣さを疑ってしまうでしょう。ちなみに、文字の上手・下手が評価に影響することはありません。最近は、文字を書く機会が減っており、ペンで書くことが苦手な人も多いでしょう。しかし大事な書類ですので、丁寧に書いてください。

内容やエピソードの**使い回しは厳禁**、自分を**多面的**にみてもらおう

シートの質問と回答例

質問
1　あなたのこれまでの経験などで最もアピールできる点を記入してください
2　あなたが自分で思う長所について記入してください
3　市職員として取り組みたいことは何ですか

上記のどの質問に対する回答も……

自分はサークルのリーダーとしてチームを引っ張り、実績を上げてきた。このように、自分の長所はリーダーシップがあることで、市職員になってもリーダーシップを発揮して実績を上げていきたい

この回答のどこがダメなのか

● 質問が違っても、同じ内容の答えになっている
● 同じ内容が何度も出てくるシートでは、それだけ受験生の人柄が薄っぺらい、単純なものにしか見えなくなってしまう

↓

できるだけ多くのアピールポイントを自分で見つけて、それらのアピールを各質問に応じて回答できるのが理想

同じ内容・エピソードが何度も登場するシートはご勘弁

これまでに数多くのシートを見てきましたが、よくあるケースとして次のようなものがあります。「あなたのこれまでの経験などで最もアピールできる点を記入してください」「あなたが自分で思う長所について記入してください」「市職員として取り組みたいことは何ですか」などの質問に対して、

> 自分はサークルのリーダーとしてチームを引っ張り、実績を上げてきた。このように、自分の長所はリーダーシップがあることで、市職員になってもリーダーシップを発揮して実績を上げていきたい

のように、回答にすべて同じ内容やエピソードが書かれているシートです。

つまり、**質問項目はそれぞれ異なるのですが、回答のもとになる内容が同じ**で、「サークルのリーダーとしてチームを引っ張り、実績を上げた」ことにつながるのです。このようなシートを見ると、「また、同じ内容の繰り返しか……」と思わずため息が出てしまいます（実話です）。

シートには「同じ内容を2回書かない」をめざそう

受験生は「これがアピールポイント！」なのかもしれませんが、面接官からすれば、「これしかアピールすることはないのか？」と疑問に思ってしまいます。

同じ内容が何度も登場するシートでは、それだけ受験生の人柄が薄っぺらい、単純なものにしか見えなくなってしまうのです。これでは、「採用したい！」とはとても思えません。反対に「何か隠しているのでは」と疑ってしまいます。面接は「ミスがないから合格」ではなく、「この受験生なら職員として、きっとうまくやってくれるだろう」という安心材料があるから合格なのです。

シートは単なる受験申込書ではありません。**シートの目的は、複数の質問項目を設けて、受験生の人間性をさまざまな面から検証しようとする**ことです。多面的に受験生を検証しようとしているのに、同じ答えしか返ってこないのでは、受験生の人柄を疑ってしまいます。

以上のことから、

● シートには同じ内容を2回書かないことをめざす
● できるだけ多くのアピールポイントを自分で見つけて、それらのアピールを各質問に応じて回答できるのが理想

です。

ただし、どうしても同じことを書かざるをえないこともあるかもしれません。その場合には、視点を変えるなど、変化を持たせるようにしてください。

Chapter
2

面接を意識したエントリーシートの書き方

公務員・組織人としての適格性を疑われないようにしよう

公務員としての資質に疑問を感じさせてしまうケース

「コンビニでアルバイトをしていたときに、両手にたくさんの荷物を抱えている高齢者が来店しました。とても大変そうだったので、ほかのアルバイトにレジを任せて、私が家まで荷物を運んであげました」

- ●「人によって対応を変える人」「本来行うべき職務を投げ出してしまう人」と判断される可能性もある
- ● 公務員としての適格性に疑問

組織人としての行動に疑問を覚えてしまうケース

- ● ゼミ・サークル・アルバイトの欄がいずれも空欄
- ● 面接官は「この人は、他の人と人間関係を構築できないのでは」と考えてしまう

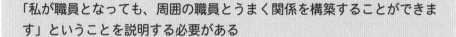

「私が職員となっても、周囲の職員とうまく関係を構築することができます」ということを説明する必要がある

アピールのつもりが、公務員としての適格性を疑われる

公務員試験の申込みに当たりシートを提出するわけですが、シートに書いてある内容が、公務員や組織人としての適格性を疑わせるようでは当然困ります。「そんなことがあるの?」と思うかもしれませんが、実際にあります。それは、次のようなものです。

まず、**公務員としての資質に疑問を感じさせてしまうケース**です。たとえば、

> コンビニでアルバイトをしていたときに、両手にたくさんの荷物を抱えている高齢者が来店しました。とても大変そうだったので、ほかのアルバイトにレジを任せて、私が家まで荷物を運んであげました

のようなものです。臨機応変に対応できることや、相手の立場になって考えられることをアピールするつもりで書いたのかもしれません。しかし、見方によっては

- ● 人によって対応を変える人
- ● 本来行うべき職務を投げ出してしまう人

と判断される可能性もあります。

公平性・公正性を重んじる公務員としては、疑問に感じてしまいます。特に、面接官になるベテラン職員は高齢の職員も多いので、プラスどころかマイナスの評価になるおそれがあります。

「周囲の職員とうまく関係を構築できる」をアピールしたい

次に、**組織人としての行動に疑問を覚えてしまうケース**です。たとえば、シート全体を読んでも、他者との関係が見えてこない人がいます。具体的には、ゼミ・サークル・アルバイトの欄がいずれも空欄のようなケースです。

こうした場合、面接官は「この人は、他の人と人間関係を構築できないのでは」と考えます。このため、実際の面接では中学・高校時代のクラブ活動や、「休日には何をしますか」などの質問で友人関係などを探ろうとするのです。

大学時代は資格取得をめざしていたため、他人との関係が浅かったというのなら、まだ理解できます。しかし、そうした明確な理由もないと面接官は不安を感じてしまいます。組織人としての適格性という点も極めて重要です。

> 私が職員となっても、周囲の職員とうまく関係を構築することができます。なぜなら、○○という経験があるからです

という説明ができれば問題ありません。そうした内容をシートから読み取れるようにしておきましょう。

全体から**人物像**が **読み取れるシート**を めざそう

シート全体を読むと疑問や不安がわくのは

①シート全体で矛盾があるケース

- 運動系のサークルに所属しているにもかかわらず、他の質問項目では、体力には自信がないようなことを書いてしまっているケース
- エピソードの内容が微妙にずれていたり、事実関係が少し異なっていたりすることがある

②シート全体で人物像に統一性がみられないケース

- シート全体を読むと、内容がバラバラ
- この受験生は、本当は一体どういう人物なのか

面接官が不安になると…

- 身構えて面接されてしまう
- 受験生にはデメリットしかない

エピソードの内容・事実関係に矛盾が生じていないか

シート全体で人物像が読み取れる内容になっているか、という点は大変重要です。特に次のケースには注意が必要です。

第1に、**シート全体で矛盾があるケース**です。たとえば、運動系のサークルに所属しているにもかかわらず、他の質問項目では、体力には自信がないようなことを書いてしまっている場合などです。これほどわかりやすい矛盾があるのはまれですが、

- エピソードの内容が微妙にずれている
- 事実関係が少し異なっている

などは珍しくありません。

面接官は受験生の話を聞きながら、受験生の学校生活の様子などを想定して面接を進めます。しかし、面接が長くなるにつれ、話に矛盾が出てくることがあるのです（受験生が話を作り込んでいるときは、特に）。

シート記入に当たっても同様です。実話を脚色したり、誇張したりすると、このような矛盾が出てくることがあるので、注意が必要です。

全体から人物像が立ち上がってくるシートをめざそう

第2に、**シート全体で人物像に統一性がみられないケース**です。たとえば、ある質問では、

受験生が周囲の人間を引っ張ってリーダーシップを発揮した様子

が描かれているものの、別の質問項目では、

周囲の人間と溶け込むことができず、孤立している状況

が述べられていたとします。

もちろん、一人の人間ですから、ある集団ではリーダーシップを発揮していても、他の集団ではまったく異なる状況のこともあるでしょう。しかし、面接官としては、「この受験生は、一体どういう性格なんだろうか」と心配になってしまうのです。

「シート全体で、受験生の人柄がわかるようにすべき」なのがベストですが、少なくとも人物像に不安や疑念を持たれないようにしてください。面接官が不安になるということは、それだけ身構えて面接されるということです。受験生にとって、損はあっても得はありません。

教えて！ 春日先生

反面教師にしたい
トンデモ公務員は？

（受験生）「よく面接試験を通ったものだ」と思うトンデモ公務員に、春日先生は遭遇したことはありますか？　ボクは公務員をめざす受験生として、反面教師を知って将来の戒めにしたいんです。

（春日文生）そうした職員は確かにいるね。割と多いのは権力的な人かな。上司にこびへつらい、部下には上から目線の人だ。

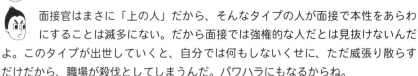はあ〜（ため息）。そんな人がよく公務員になれましたね。

面接官はまさに「上の人」だから、そんなタイプの人が面接で本性をあらわにすることは滅多にない。だから面接では強権的な人だとは見抜けないんだよ。このタイプが出世していくと、自分では何もしないくせに、ただ威張り散らすだけだから、職場が殺伐としてしまうんだ。パワハラにもなるからね。

ほかには？

意外かもしれないけれど、コミュニケーションがダメという人は少なくない。

面接をパスしたのに？

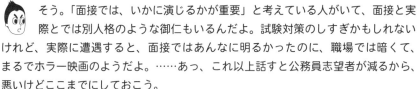そう。「面接では、いかに演じるかが重要」と考えている人がいて、面接と実際とでは別人格のような御仁もいるんだよ。試験対策のしすぎかもしれないけれど、実際に遭遇すると、面接ではあんなに明るかったのに、職場では暗くて、まるでホラー映画のようだよ。……あっ、これ以上話すと公務員志望者が減るから、悪いけどここまでにしておこう。

ええっ、もっと知りたいのに〜。先生のケチ！

志望理由から
ガクチカまで、
鉄板の想定問答

Chapter **3**

民間企業の就職活動で面接試験には慣れている受験生も、公務員一本で面接試験が初めての受験生も、地方自治体の面接試験を控えて、「どんな質問がされるのか」と戦々恐々している人も多いでしょう。たしかに公務員の面接試験では、一般の就活本ではまずお目にかからない専門的な質問がなされることもあります。しかし、質問の多くはパターン化でき、かなりの程度対策可能です。まずは鉄板の想定問答を素材に、レッツ・トライ！

志望理由は何ですか

質問の意図は

● 面接試験は公務員を採用する試験である
● 面接冒頭に「なぜここに採用されたいのか」を確認する

↓

志望理由が「曖昧」「抽象的」などで、説得力のないものであれば、その段階で「この受験生は本気でないな」と判断

↓

本気でない人は、その段階で不合格にしてしまうことも

こう答えるのがイイ！

「まちへの愛」と「市政運営への共感」を語ろう！
● まちへの愛：そのまちの歴史、文化、自然、環境、県民性などの気質、住みやすさ・暮らしやすさなど、「いかに自分がこのまちを好きか」というもの
● 市政運営への共感：その市の取組みに賛同し、「この役所で働きたい！」というアピールにつなげるもの

面接官が志望理由に納得しなければ合格できない

　志望理由は、面接の冒頭で質問されることが一般的です。採用面接なのですから、そもそも「なぜここに採用されたいのか」を確認するのは、当然のことでしょう。

　面接官としては、この**志望理由が「曖昧」「抽象的」などで、説得力のないものであれば、その段階で「この受験生は本気でないな」と判断**してしまいます。本気でない人を合格にしてしまうと、辞退者が発生したり、やる気のない人が職員になったりして、後でとても困るのです。このため、志望理由を精査し、本気でない人は、その段階で不合格としてしまうこともあります。志望理由は受験生にとって、いわば第一関門といってよいでしょう。

　具体的には、Chapter 2のEntry 2で挙げた志望理由のチェックポイントがあります。

　こうした点をクリアして、ようやく面接官は納得してくれます。

「まちへの愛」と「市政運営への共感」を大いに語ろう

　そこで、**受験生には「まちへの愛」と「市政運営への共感」について語ってほしい**のです（「愛」というのも恥ずかしいのですが……）。

「まちへの愛」とは、

　　そのまちの歴史、文化、自然、環境、県民性などの気質、住みやすさ・暮らしやすさなど、「いかに自分がこのまちを好きか」

というものです。これは、世間にはあまり知られていない、マニアックなものでも構いません。熱い思いであればあるほど、「だから、このまちで働きたい！」ということのアピールにつながります。

「市政運営への共感」は、

　　その市の取組みに賛同し、「この役所で働きたい！」

というアピールにつなげるものです。たとえば、「○○市は、全国に先駆けて△△に取り組んだ」などの先進的な取組みを評価するという方法も一つでしょう。または、先進的とまではいえなくても「子育て施策が充実している」などでも構いません。ちなみに、自治体では「住民意識調査」を実施し、住民の定住志向などの結果を発表しています。こうしたものから、住民がそのまちをどのように評価しているのかを知ることも参考になります。

Q&A 2

やってみたい**業務**は
何ですか

質問の意図は

「その自治体の業務を理解しているのか」にもつながる質問

ダメな回答例

● 都道府県の採用面接で市区町村の業務内容を答えてしまう
● やってみたい業務と受験職種がミスマッチ
● やってみたい業務は民間事業者に業務委託されている

自治体の業務を調べて理解しておく

やってみたい業務の調べ方

①総合計画や各種行政計画のような自治体が作成する計画
②「高齢者福祉の手びき」のような冊子やリーフレット
③ホームページに掲載されている内容
④実際に自治体の担当部署に電話で確認してみる方法もある

自治体の業務をきちんと理解していないと答えられない質問

「やってみたい仕事」に関する質問も、とても重要です。エントリーシートや面接シートでは「志望理由」の中で記述することもあり、志望理由と併せて一つのセットと考えてもよいでしょう。なぜなら、「○○市を志望します。でも、やってみたい業務は、特にありません」では、さすがに面接官も受験生の本気度を疑ってしまうからです。

また、**この質問は、言い換えれば「その自治体の業務を理解しているのか」ということにもつながります。**よくある間違いとして、都道府県の採用面接なのに、「生活にお困りの住民一人一人のご相談に親身になって対応していきたい」などと、市区町村の業務内容を述べてしまう受験生がいます。

やってみたい仕事を語る前に、これだけは調べておこう

このため、受験生としては、できるだけその自治体の業務を具体的に理解しておくことが必要です。その方法としては、総合計画や各種行政計画のような自治体が作成する計画、「高齢者福祉の手引き」のような冊子やリーフレット、ホームページに掲載されている内容から、具体的な事業を探すのが有効です。なお、この際に注意してほしい点があります。

第1に、**業務と受験職種の問題**です。たとえば、事務職や行政職で受験しているにもかかわらず、

> 学校での指導方法や内容に関する業務に従事したい

と書く受験生がいます。しかし、これらは教育委員会に在籍する指導主事と呼ばれる教育職の業務なので、事務職等では従事できません。同様に、道路や公園の整備なども、専門職種である土木職の職員が従事することが基本です。

第2に、**業務委託になっていないか**ということです。たとえば、

> 子どもの健全育成にかかわりたいので、学童クラブや児童館などで働きたい

という受験生がいたとします。この場合、学童クラブや児童館などの運営を、自治体が民間事業者などに委託していることがあります。そうすると、実際に子どもかかわるのは、民間事業者の社員などになります。

ちなみに、どうしても具体的な事業の内容がよくわからないということもあるかと思います。その際は、実際に自治体の担当部署に電話で確認してみてもよいでしょう。

Q&A 3　併願状況とこれまでの受験歴について教えてください

● 「本当にうちが第一志望なのか」ということを探るため
● たとえば、地元を離れ東京に住んでいる大学生が、地元周辺の自治体をいくつも受験している一方で、縁もゆかりもない自治体を受験している

「本当は地元志望だな」と面接官は判断する

こう答えるのがイイ！

● 併願する明確な理由を説明できないなら、その併願先は申告しない
● 併願する場合でも、「○○市が第一志望です。しかし、経済的な理由もあり、就職浪人もできませんので、念のため△△市も受験しています」などと説明する
● 既卒受験生は、これまでの受験歴を問われることもある

併願状況から受験生の真意を探ろうとしている

　併願状況を質問する理由は、「本当にうちが第一志望なのか」を探るためです。地元を離れ東京の大学に通っている受験生が、地元周辺の自治体をいくつも受験している一方で、縁もゆかりもない自治体を受験していたとしたら、その自治体の面接官は、「本当は地元志望だな」と考えるのが一般的でしょう。

　あるいは、志望理由で「○○市の施策に共感したので、ぜひ○○市職員になりたい」と言いつつも、実はいくつも他市を併願していたら、面接官は「本当は、とにかく公務員になりたいのだな」と考えるかもしれません。

　さらに、基礎自治体（市区町村）の面接で、「住民に最も身近な行政である市が第一志望です」と言いつつも、併願先が国家公務員一般職、国家専門職、県庁であれば、やはり真意を疑われてしまうでしょう。

真正直も偽りもダメ!?　併願先は戦略的に申告しよう

　以上のことから、「**併願する明確な理由を説明できないなら、その併願先を言わない**」のも一つの方法です。つまり、併願状況をすべて正直に答えることは必ずしも得策ではないということです。地元の市役所が第一志望ならば、国家公務員については触れず、近隣市の受験だけを申告して、「あくまで地元付近で勤めたい」ということをアピールすることも考えられます。その際、

> ○○市が第一志望です。しかし、経済的な理由もあり、就職浪人もできませんので、念のため△△市も受験しています

などと説明すれば、理解してもらえるでしょう。

　ちなみに、民間企業の併願については、質問されて説明が難しいならば、あえて書かなくてもよいでしょう。

> 自分の視野を広げる意味からも、民間企業も回っています

と答える受験生もいますが、それはそれで一つの考え方で、問題ありません。

　既卒受験生の場合、これまでの受験歴を尋ねることもあります。その際、「昨年も受験したが、不合格だった」ということがあります。こうした場合、どうしても面接官は「不合格になってしまったのは、何かしらの理由があるに違いない」と、受験生のことをある種の思い入れを持って見がちです。このため、昨年を上回るアピールが必要になります。

　なお、**昨年も受験しているのに、「今回が初めての受験です」と偽ることはやめましょう。必ずバレます。**

学生時代に最も力を
入れたことは何ですか

質問の意図は

● 「ガクチカ」は面接試験の定番質問
● 多くの受験生は、ゼミなどの学業、サークルや部活、アルバイト、資格取得、ボランティアなどから選ぶ

こう答えるのがイイ！

①内容に客観性がある
②経験から学んだことを一言にまとめる
③その経験が、公務員としてどのように役立つのかを説明できる

ダメな回答例

面接官が不満を抱く内容
● それが力を入れたことなの？
● その程度の内容なの？

ガクチカには、面接官を納得させる内容が求められる

　いわゆる「ガクチカ」と呼ばれるこの質問は頻出です。まず考えてほしいことは、この「力を入れたこと」で面接官を納得させる必要があるということです。**面接官に「それが力を入れたことなの」「その程度の内容なの」と思わせる内容では困ります。**

　しかし、職務経験が豊富な面接官を納得させるのは、なかなか難しいことです。そこで、どのような内容を取り上げるかは、慎重に考える必要があります。その内容が、いかに大変だったことかを説明して、面接官を納得させなければなりません。

　多くの受験生は、ゼミなどの学業、サークルや部活、アルバイト、資格取得、ボランティアなどから選ぶことになります。高校や中学、もしくは浪人時代のことを取り上げる受験生がいますが、避けたほうが無難です。内容として古いですし、「大学時代に力を入れたことはないのか」と思われてしまうからです。

「客観性」「学んだこと」「どう役立つか」を押さえておこう

　ここで注意してほしいこととして、次の点があります。

　第1に、**客観性を確保すること**です。一例を挙げると、

- サークルの代表として 50 人のメンバーをまとめた
- これまで 2 時間かかっていた商品の品出しを 1 時間に短縮することができた
- 教授から「よくまとまったレジュメになっている」と言われた

など、数字や他人の評価などを加えることにより、できるだけ客観性を確保します。これで説得力を高めることができます。

　第2に、**この経験から学んだことを一言にまとめること**です。「この経験から何を学びましたか」は必ずあるといってよいガクチカの関連質問です。このため、一言で説明する必要があります。ただし、これは次の Q&A にも関連しますが、公務員として活かせる内容であることが望ましいです。

　第3に、**この経験が、公務員としてどのように役立つのかを説明できること**です。たとえば、

- アルバイトでクレーム対応に当たった→住民対応で活かせる
- 難関の資格を取得した→計画的に物事を進められる
- サークル活動に熱心に取り組んだ→チームワークの形成に寄与できる

などがあります。面接官が「この受験生が職員になったら、○○してくれるだろう」と具体的にイメージできるものが望ましいのです。

Q&A 5 周囲の人から、**あなたはどのような人**と言われますか

面接シミュレーション

面接官 ● 周囲の人から、あなたはどのような人と言われますか
受験生 ● ほかのゼミ生からは「よく気がつく人だ」と言われます（自分で自分をほめる①：恥ずかしさ Lv.1）
面接官 ● なぜ、そのように言われるのでしょうか
受験生 ● こまめにほかのゼミ生に連絡しているからかもしれません（自分で自分をほめる②：恥ずかしさ Lv.2）
面接官 ● ほかのゼミ生があなたを「よく気がつく人だ」と評価することに、あなた自身はどう思いますか
受験生 ● 確かに、ほかの人が作成したレジュメのミスなどを見つけることが多いので、そういう面もあると思います（自分で自分をほめる③：恥ずかしさ Lv.3）

質問の意図は

受験生が恥ずかしさで舞い上がっているから本音が出やすいだろう

受験生本人に対する他人の評価を確認したい

　標記の質問は、**受験生の周りの人間から、受験生本人がどう思われているのかを確認する**質問です。意地悪な言い方をすれば「受験生が言う回答や自己PRはうそかもしれないから、他人の受験生に対する意見を確認してみよう」というものです。

　この他人の受験生に対する評価については、悪いことは出てきません。この回答として、「周囲からは『人として許せません』とよく言われます」などの悪口は、絶対に出てきません。必ず、よい評価に決まっています。そうすると、受験生本人も多少の恥ずかしさを持って、答えることになります。そこに、本人らしさや本当の姿が見えることがあるのです。

恥ずかしさを抑えて、準備したエピソードを堂々と語ろう

　この質問には、必ずエピソードが加わります。面接官から

　なぜ、周囲の人はあなたのことを「よく気がつく人だ」と言うのでしょうか

と再質問があり、嫌でも受験生は自分のよいエピソードを、さもその人が話したかのように話すわけです（これで、さらに恥ずかしさが増します。そもそも面接時の受験生の回答は、自分を売り込むため、すべて自分のよいところを述べるのですが、なぜかこのときは、恥ずかしくなってしまうものなのです）。

　さらに、面接官は追い打ちの質問をします。

　そのように評価されることに、あなた自身はどう思いますか

と。そこで、「確かに、他人が作成したレジュメのミスなどを見つけることが多いので、そういう面もあると思います」などと、また自分で自分のことを肯定することになります。多くの受験生は、そこで恥ずかしさMAXを迎えることになります。面接官からすると、それだけ受験生が舞い上がっているのだから、本音が出やすいだろうと思うわけです。このようにして、**受験生の本当の姿を知ろうとする**のです。

　受験生としては、面接官のねらいを十分踏まえて、この質問に対する回答を準備しておく必要があります。ちなみに、この質問への回答を、完全にでっち上げて創作することもできます。しかし、でっち上げた創作を照れることなく淡々と面接官に語るような受験生がもしいたら……。そんなデキる人は、公務員ではなく他の職業に就くことをおススメします。

Q&A 6 あなたの**長所**と**短所**を
教えてください

長所と強みの違いに注意する

長所とは
本人がもともと持っている優れた資質や人柄、性格、性質など
● 例：ポジティブ、協調性がある、向学心が強い

強みとは
学業やアルバイトなどを通して身につけたスキルなど
● 例：傾聴力、企画力、実行力

短所はこう答えるのがイイ！

自分の短所は公務員になった場合にも問題ないことを説明する

↓

面接官を不安に陥れないようにする
●「時間にルーズ」「気分屋」を短所として挙げるのは厳禁
● 併せて、短所を改善するために取り組んでいることを説明する

長所と強みを混同しない。両者の違いをきちんと理解しておく

　長所と短所に関する質問も頻出です。長所は、受験生が公務員になった場合、どのように活かせるのかをみていると考えてよいでしょう。ただし、長所と強みの違いについて注意してください。

　長所は、本人がもともと持っている優れた資質や人柄、性格、性質などをさすことが一般的です（当然、短所はその反対です）。一方、**強みは学業やアルバイトなどを通して身につけたスキル**などをさします。このため、

- 長所→ポジティブ、協調性がある、向学心が強い
- 強み→傾聴力、企画力、実行力

などとなります。

　ちなみに、長所に「責任感が強い」を挙げる受験生がいますが、これは避けたほうがよいと思います。なぜなら、社会人であれば、与えられた責任を全うするのは当然のことだからです。

　以上のことから、「長所：課題発見力／短所：エクセルの操作」などとシートに書く受験生は、そもそも長所と短所を理解していないということになります。

短所には、改善のために取り組んでいることを添えよう

　短所も、面接官はその受験生が公務員になったことを想定しています。このため、「時間にルーズ」「気分屋」などは論外です。「こだわりが強い」などについても、それが公務員として支障にならないかという点を気にします。

　ゼミのレジュメ作成に完璧を求めるような人は、公務員になっても資料作成に自分なりのこだわりを持って、時間をかけてしまうのではないかと想像するわけです。このため、その**短所が公務員となった場合にも問題がないことを説明し、面接官を不安に陥れないように注意してください。**

　短所については、それを改善するために取り組んでいることを、併せて説明することが一般的です。たとえば、

完璧を求めすぎないように、他人の意見を聞くようにしています

などを加えます。

　なお、「短所は、長所の裏返しだ」として、アピールにつなげようとする人がいます。「心配性は、いつも周囲に配慮していることの裏返し」のようなケースです。しかし、このアピールがあまりに露骨だと、「実は、それは短所でないのでは」と面接官は考えてしまいますので、注意が必要です。

典型質問をソツなくこなす回答例

Q&A 7

あなたの強みは、職員として どのように活かせますか

強みの種類

①ヒューマンスキル（対人関係を構築する能力）
- 他者との良好な人間関係を構築し、円滑なコミュニケーションを可能とするスキルのこと
- 例：気配り、傾聴力、調整力など

②ポータブルスキル（業種や職種を問わず通用する能力）
- 職種の専門性以外に、業種や職種が変わっても持ち運びができる職務遂行上のスキルのこと
- 例：リーダーシップ、課題発見力・解決力など

③テクニカルスキル（職種に関連して役立つ能力）
- 職種に特化した資格や知識を指す
- 例：パソコンスキル、語学力、簿記などの資格など

強みを活かせる場面を考えよう

①対人では
- 住民、周囲の職員、NPO などの関係機関職員など、「人」と接するに当たって役立つもの

②対物では
- 資料作成、集計作業、起案文書の作成、経理、施設管理など、「物」を相手にした場合に役立つもの

強みは3種類のスキルに区分できる

　強みとは、学業やアルバイトなどを通して身につけたスキルなどをさします。別な言い方をすれば、

強みとは仕事に役立つ具体的なスキル、組織に貢献できる技術

といってもよいかもしれません。強みは、主に次の3種類に区分できます。

①ヒューマンスキル（対人関係を構築する能力）

　他者との良好な人間関係を構築し、円滑なコミュニケーションを可能とするスキルのこと。気配り、傾聴力、調整力、誰とでもすぐに仲よくなれる、相手の目線で考えるなどがあります。内容としては長所に近いものです。

②ポータブルスキル（業種や職種を問わず通用する能力）

　職種の専門性以外に、業種や職種が変わっても持ち運びができる職務遂行上のスキルのこと。リーダーシップ、課題発見力・解決力、計画性がある、企画力、柔軟な発想ができる、論理的思考力、行動力、説明力などです。

③テクニカルスキル（職種に関連して役立つ能力）

　職種に特化した資格や知識などの専門的なスキルのこと。パソコンスキル、ITスキル、プログラミング能力、語学力、簿記や防災士などの資格などです。

　ちなみに、シートに「長所」の欄がなく、「強み」の欄がある場合は、長所を強みとして考えてもよいでしょう。ただし、一般的には、両者は別なものとして説明できるようにしておいたほうが、整理しやすいでしょう。

強みをどう活かせるか、「対人」「対物」で考えてみよう

　受験生としては、学業、サークル、アルバイトなどのさまざまな活動を振り返り、自分の強みを特定する必要があります。問題は「職員としてどのように活かせるか」です。この場合、**対人と対物に分けて考えるとよいでしょう。**

　対人とは、住民、周囲の職員、NPOなどの関係機関職員など、「人」と接するに当たって役立つものです。たとえば、相手目線で考える強みがあれば、高齢者や外国人など、さまざまな市民の立場になって考えることができます。

　対物とは、資料作成、集計作業、起案文書の作成、経理、施設管理など、「物」を相手にした場合に役立つものです。たとえば、複数の業務を行う場合でも計画性を持って対応できるなどがあります。

　対人であれ、対物であれ、いずれにしても**面接官に「この人は○○してくれるのだな」と具体的なイメージを持たせることが重要**です。

Q&A 8

あなたの**苦手な人**は
どのような人ですか

質問の意図は

組織人としての適格性があるかを判断する

よくある質問の流れ

①あなたの苦手な人はどのような人ですか
②そうした苦手な人と、どのように接してきたのかを教えてください
③そうした苦手な人が、仮に同じ職場にいたら、どう対応しますか

こう答えるのがイイ！

● あくまで仕事ですので、必要なコミュニケーションをとります
● 相手のよい面を探して、良好な関係を構築するようにします

組織人としての適格性があるかを第2、第3の質問で試す

当然のことですが、公務員は組織人です。組織の中で働くわけですから、**組織人としての適格性があるかは大事なポイント**です。そのため、他者と関係を構築できず、周囲から浮いた存在になってしまう、ほかの人とコミュニケーションがとれない人は困るのです。この質問は、これらを検証するためのものです。質問は次の順番でなされることが一般的です。

> ①あなたの苦手な人はどのような人ですか
> ②そうした苦手な人と、どのように接してきたのかを教えてください
> ③そうした苦手な人が、仮に同じ職場にいたら、どう対応しますか

①では、受験生の苦手な人やタイプを聞きます。「そのような人はいません！」という人はいませんから、必ず何かしら答えることになります。

②で、受験生の苦手な人に対する具体的なエピソードを聞きます。これにより、受験生の対人関係力がわかります。

③は、組織人としての適格性をみる質問です。新卒の受験生の場合、②は学生時代の経験になるので、「一定の距離を保つようにしていました」でも構いませんが、③は「同じ職場」と仮定しているので、そうした回答では困ります。

高等戦術もあるが、質問の意図をくんで無難に回答しよう

では、どのような回答が適切でしょうか。③については

- あくまで仕事ですので、必要なコミュニケーションをとります
- 相手のよい面を探して、良好な関係を構築するようにします

などの回答が無難です。

「なるべくかかわらないようにします」「すぐに上司に相談します」「無視します」などでは、面接官も、「これでは、組織の中でうまくやっていけないかも」と不安になるでしょう（受験生の本音はそうなのかもしれませんが）。

ちなみに①の段階で、「法律違反をする人」や「ハラスメントをする人」など、社会人として失格の人を苦手な人に挙げると、②や③の質問につながらない可能性があります。質問を封じる高等戦術といえなくもありません（しかし、面接官もあきらめずに、「それ以外で苦手な人はいますか」と追及するかもしれませんが）。

ただし、「皆で決めたルールを守らない人」や「時間にルーズな人」などは公務員にも存在するため、②や③の質問につながります（つまり、皆さんは公務員になった後、そういう人に遭遇する可能性があるということです……）。

Q&A **9**

ストレスを感じるのは、
どのようなときですか

公務員がストレスを感じる場面

- 市民からの苦情電話
- 窓口でのモンスターペアレントからのクレーム
- 繁忙期における連日の残業
- 上司からのプレッシャー

質問の意図は

公務員にとってストレス耐性はとても重要

面接官は採用面接で受験生のストレス耐性を確認
- ストレスを感じるのは、どのようなときですか
- 受験生に具体的な場面を答えさせる

職場に当てはめて対応を確認しようとする

公務員になった後のストレス耐性を確認している

　ストレス耐性は、公務員にとってとても重要です。市民からの苦情電話、窓口でのモンスターペアレントからのクレーム、繁忙期における連日の残業、上司からのプレッシャー、気まずい職場の人間関係など、公務員も民間企業の社員と同様にストレスを感じる場面は多々あります。いや、世間の公務員バッシングなども考えると、民間企業以上かもしれません。**実際に、公務員の中にはメンタルの不調が原因で休職してしまう人は多いのです。**

　このため、面接官は採用面接で受験生のストレス耐性を確認しようとします。しかし、「あなたはストレスをためやすいほうですか」などの直接的な質問に、受験生が「いいえ」と答えてしまえば、それで終わってしまいます。そこで、「ストレスを感じるのは、どのようなときですか」のような聞き方になるのです。ストレスを感じない人はいないでしょうから、受験生は何かしらの回答をすることになります。

　そうすると、

> そうしたときには、どのように対応するのですか

と、実際の対応方法を確認します。これによって、受験生がストレスにどのように向き合っているのかがわかるのです。

自分なりのストレス解消法も確立・準備しておきましょう

　ストレスを感じる場面は人それぞれです。「一度にやるべきことが重なった」「当初の予定が急きょ変更になった」「人前で発表することになった」「意見が対立してしまった」「アルバイトで客からクレームを言われた」「目標を達成できなかった」など、いろいろ想定できるでしょう。

　これらの事態は、公務員になった後、実際に職場で起こることばかりです。このため、「もし職場で上司から複数の業務を行うように指示されたら、どうしますか」のように、**職場に当てはめて対応を確認しようとするのです。これにより、公務員としてどのように振舞うのかがわかります。**

　さらにこの質問では、

> では、そのようにたまったストレスをどのように解消していますか

と、ストレス解消法も併せて質問するのが常です。自分なりのストレス解消法を持っていることは、社会人として大事なことなのです。

Q&A 10 これまでに 最も**苦労**したことは何ですか

質問の意図は

受験生がどのようなことに正面から取り組んだかを知りたい

こう答えるのがイイ！

受験生の人間性がわかる、苦労したエピソードを選ぼう

↓

苦労したことに対する次のフォローがとても重要
- 受験生が何を考え
- どのように行動したのか

ダメな回答例

- 自宅から学校まで片道2時間もかかり、通学が大変でした
- 交際している彼といつもけんかばかりして苦労しました
- お金がなくて、生活が大変でした

最も苦労したエピソードから人柄や思考、行動を把握する

「最も苦労した」エピソードから、受験生がどのようなことに正面から取り組んだのかがわかる質問です。これにより、受験生の人柄や考え方、行動などを把握することができます。

たまに、「自宅から学校まで片道2時間もかかり、通学が大変でした」「交際している彼といつもけんかばかりして苦労しました」などと回答する受験生がいます。しかし、ここで聞きたいのはそうしたことではなく、受験生がどのようなことに一生懸命に取り組んできたのか、頑張ってきたのかという経験です。つまり、受験生の人間性がわかる内容でなければなりません。先のような回答では、面接官も「だから、何？」と思ってしまうでしょう。

このため、内容としては資格取得や何らかの大会出場など、客観的な基準が存在する内容だとわかりやすいでしょう。そこまで客観性はなくても、ゼミでの発表、サークルやアルバイトでの活動なども考えられるでしょう。**面接官に「そんなことが最も苦労したことなの」と思わせる内容では困ります。**半面、あまり個性的な内容であったり、第三者には理解しがたい内容であったりすると、面接官には伝わらないので注意してください。

多方面から受験生を探る、広くて深ーい質問と心得よう

重要なのは、

その苦労したことに対して、受験生が何を考え、どのように行動したのか

という点です。受験生の思考を知るなら、苦労したエピソードに重ねて、「どのような目標や計画を立てたのか」「なぜその目標や計画にしたのか」などの質問をすることで、論理的思考力や視野の広さなどを検証できます。

「それまでアルバイト先にはなかった、新人向けのマニュアルを作成するのに苦労した」のであれば、なぜそもそもマニュアルを作成しようと思ったのかを聞くことで、「周囲への貢献、発想力、業務改善の取組み」などの姿勢がわかります。

加えて、マニュアル作成のために、いろいろな先輩にインタビューしたり、同僚の意見を聞いてブラッシュアップを図ったりしたのであれば、「周囲との円滑なコミュニケーション」を想像させます。さらに、いろいろな意見が出てしまい、途中で挫折しかけたなどのエピソードがあれば、「困難にもめげない粘り強さ」があることがわかります。

Chatroom 4

教えて！ 春日先生

滑り止めの受験対策はどうする？

●

（受験生）面接で志望順位を聞かれますよね。本当は滑り止めで受験している自治体なのに、「こちらが第一志望です」だなんて、ワタシ、うまく言えそうにありません。

（春日文生）面接では受験先を「第一志望」というのはお約束！　これ以外の回答は基本的にダメと考えたほうがいい。そもそも合理的・論理的に第二志望、第三志望だと説明するのは難しいし、できたとしても面接官の印象はよくならないからね。

でも滑り止めなので、さも本命のように志望動機を説明することができないんですよ〜。

滑り止め自治体の面接を受験するときは、その数日前からでも「ここが第一志望だ！」と自分に言い聞かせることが必要だよ。

でも言い聞かせるだけでは……。

そこで大事なのは、想定問答集の見直しだね。提出したエントリーシート（面接シート）から想定される質問を洗い出し、その回答が本当に「第一志望」に見合った内容になっているのかを見直してみよう。少しでも甘い点、つまり面接官に疑われそうなところは徹底的につぶすくらいの覚悟が必要だよ。

とても大変そう……。

でも、そのくらいやらないと、面接官に見破られてしまうよ。想定問答集の言葉の端々が「第一志望」と思える内容になっているか、客観的な目で再点検しておこう。

や、やってみます！

面接官を納得させるワザと答えと戦略

世の中に存在する課題やトラブルは要因が複雑にからまり、解決策もまた一様ではありません。行政の最前線で働く公務員が日々、直面する問題や事例も然りです。典型質問によるジャブの応酬で、受験生の緊張がほぐれたところで始まる第2ラウンド。そこで繰り出されるのが事例や経験を前提にした応用的な質問です。ここで考え込んでいるようでは、面接官を納得させるのは難しいでしょう。あなたなら、これらの質問にどう答えますか。

Q&A **1**

あなたの考える 「**理想の職員像**」を 教えてください

質問の意図は

- 受験生が、職員や公務員に対してどれくらい具体的なイメージを持っているのか
- 職員や公務員として働くということをどのように考えているのか

こう答えるのがイイ!

実際に職員や公務員となったときの姿をイメージして、自分なりの回答をつくる（各自治体が作成している「人材育成基本方針」が参考になる）

①住民対応

- 住民にどのように対応することが望ましいのか

②効率的効果的に業務を行うこと

- 最少の経費で最大の効果を上げるには

③自己啓発

- 時代のニーズや高度化・多様化する住民ニーズに対応するためには

受験生は職員や公務員をどのくらい理解しているか

受験生に理想の職員像を質問する意図は、

● 受験生は、職員や公務員に対してどれくらい具体的なイメージを持っているのか
● 職員や公務員として働くということをどのように考えているのか

を確認するためです。

たとえば、「民間企業に行くよりも、公務員になったほうが楽だ。世間からよく批判される公務員だけど、将来の安定性を考えたら、民間企業よりも公務員のほうが得だ」程度の認識しか持っていないと、先の質問に答えることができません。この質問に正解はありませんが、自分なりの回答をつくるためには、実際に職員や公務員になったときの姿をイメージしてみるとよいでしょう。具体的には、次のようなものがあります。

第1に、**住民対応**です。都道府県であれ市区町村であれ、基本的には自治体では住民対応は必須です。このため、住民にどのように対応することが望ましいのかという視点が必要です。親切丁寧な接遇、住民目線で考えるなどが考えられるはずです。

第2に、**効率的・効果的に業務を行うこと**です。前例踏襲、融通が利かない、非能率的と批判される公務員ですが、最少の経費で最大の効果を上げることが必要なことは、地方自治法にも明記されています。そのためには、業務の効率化、業務改善、チームワークの形成などが考えられます。

第3に、**自己啓発**です。上司から指示されたことをただ処理するだけでは、「指示待ち職員」になってしまいます。時代のニーズや高度化・多様化する住民ニーズに対応するためには、自ら進んで学ぶ姿勢が求められます。

各自治体作成の「人材育成基本方針」は読んでおこう

しかし、実際に働いたことのない受験生にとっては、職員や公務員の具体的なイメージを描くことは難しいかもしれません。そこで**参考にしてほしいのが、各自治体で作成している「人材育成基本方針」**です。この中には、その自治体が求めている職員像が書かれていますので、参考になります。一読すれば、自分が職員となった場合に、どのように働くのかが想像できるかと思います。

ただし、この中で述べられている内容をそのまま話すことはお勧めしません。それは、多くの受験生が同じような話をすることが予想されるからです。それよりも、これをもとにして自分で考えたほうがより現実味が生まれます。

Q&A 2

職場で**対立**が生じた場合、どう対応しますか

質問の意図は

- 実際の職場で起こりえる事例を示して、その対応や考え方を聞く
- 事例問題への対応によって、公務員や組織人としての適格性をみる

こう答えるのがイイ！

①意見の一本化に向けて話し合う
②一本化できないならば、上司に判断を求める

ダメな回答例

- 全員が納得するまで、とことん話し合う
- 多数決で方向性を決める

公務員や組織人としての適格性を測る質問

　面接では、受験生が公務員となって働いていると仮定して、実際の職場で起こりえる事例を示して、その対応や考え方を聞くことがあります。いわゆる事例問題です。この事例問題によって、公務員や組織人としての適格性を判断するわけです。

　標記の質問に言葉を補足してもう少し詳しく説明すると、

> あなたはある係に配属されました。しかし、ある課題への対応を巡って、係内で意見が２つに分かれてしまいました。あなたはどうしますか

というような事例です。この場合、２つの対応が求められます。

　まず、意見の一本化に向けて話し合うことです。全員が納得して、同じ方向に向かって行動したほうが、組織の効率性の面からも、職員のモチベーションの面からも望ましいことに間違いはありません。このため、まずは両案のメリット・デメリットなどを挙げて、両者で話し合うことが求められます。

　しかし、いつまでも話し合っているというわけにはいきません。限られた時間の中で、組織としては成果を出す必要があります。このため、どうしても一本化できない場合は、上司（この事例の場合は係長）に判断を求めることになります。組織はピラミッド型ですから、組織の長であり、責任者でもある上司が最終的な判断を下すことになります。

「納得するまで話し合う」「多数決」はダメな回答

　この事例の回答として、**よくある間違いは「全員が納得するまで、とことん話し合う」**というもの。これは「全員が納得することが大事」という理想像を描いてしまっているために起こる間違いです。確かに、短い時間の中で話がまとまるならばそれでよいでしょう。しかし、次から次へ仕事がやってくる中で、一つの業務にそんなに時間をかけている暇はありません。

　たまに「サークルのメンバー全員が納得するまで話し合った」のようなエピソードから、「相手を納得させることが、自分の強み」という受験生がこの回答をしがちです。併せて、「さまざまな異なった住民の意見を一つにまとめます」などと発言することもありますが、それはあまりにも現実をわかっていないと、面接官は考えてしまうでしょう。

　「多数決で方向性を決める」というのも間違いです。これでは、上司の存在を無視していることになるので、組織運営を理解していないということになります。この事例問題では組織人としての感覚が求められているのです。

Q&A 3

住民からの**クレーム**に どう対応しますか

質問の意図は

- 住民対応の中でも、特にクレーム対応は重要な課題
- 受験生にクレームへの対応力があるか検証する

クレーム対応の経験がない受験生は

「クレームに対応したことが、まったくありません」という受験生には、面接官は大きな不安を抱えてしまう

↓

クレーム対応に近い事例を示して、自分の対応力を説明しよう

自治体でのクレーム対応の3段階

①傾聴
②相手の立場になって、わかりやすく丁寧に説明する
③組織的対応

113

あなたにクレーム対応力があるかを試す質問

　自治体職員にとって、住民対応は基本中の基本です。このため、各自治体では「接遇マニュアル」などを作成し、職員に周知徹底を図っています。一般的な住民対応であれば、親切丁寧、相手の立場になって考えることが求められます。しかし、クレームについては、それだけでは対応できません。

　役所の窓口には、市民が大声で職員に苦情を言っていたり、モンスターペアレントがいたりします。そうした市民や事例への対応で、職員がメンタルに問題を抱えてしまい、休職などに追い込まれてしまうこともあります。こうした背景があるため、**受験生に対してクレームへの対応力があるのかを検証しようとする**のです。たとえば、アルバイトでクレーム対応の経験がある場合は、その具体的対応を聞き、受験生の対応力の有無を判断します。

　反対に、「これまでクレームに対応したことはまったくありません」という受験生に対しては、面接官は大きな不安を抱きます。このため、

> 直接のクレーム対応ということではないのですが、サークルの中に強引な人がいて、その対応に苦慮したことがあります

のように、クレーム対応に近い事例を示して、自分の対応力を説明したほうがよいでしょう。

住民のクレームには3段階で対応する役所のセオリー

　実際のクレーム対応には、いくつかの段階があります。

　第1段階は、**傾聴**です。住民の言葉を遮って話し始めたり、ムキになって言い返したりするのはNGです。また、クレームだからといって、すぐに上司などの助けを求めるようでは、責任感がありません。クレームの内容が、そもそも相手の勘違いということもあります。このため、まずは相手の話をよく聞くことが求められます。「不快な思いをさせてしまったようで、申し訳ありません」とクレームの内容ではなく、「不快にさせたこと」に謝罪することもあります。

　第2段階は、**相手の立場になって、わかりやすく丁寧に説明する**ことです。当然のことながら、上から目線や専門用語の多用はダメです。難しい内容ならば簡単な言葉に置き換えたり、パンフレットなどを活用したりして説明します。理不尽な要求に対しては、毅然とした態度をとることも必要です。

　第3段階は、**組織的対応**です。何回も説明したのに理解してくれない、理不尽な要求を繰り返すなどの場合は、上司や同僚に助けを求めて、職場全体で対応するようにします。この段階では組織的に対応することが求められます。

上司から**複数の業務**を**指示**されたら、どう対応しますか

質問の意図は

「効率的に業務を進めることができる人か」を検証する

↓

どのように業務の優先順位を決めるのかが問われている

優先順位を決める方法

緊急性と重要性で業務の位置づけを明確にして優先順位を決める

緊急性

高

緊急性は高いが、重要性は低い業務

緊急性・重要性ともに高い業務

重要性

低

緊急性・重要性ともに低い業務

緊急性は低いが、重要性は高い業務

高

低

優先順位は緊急性と重要性で決めるのが鉄則

筆記試験の成績がよくても、その受験生が、本当に仕事ができるのかはわかりません。いわゆる頭でっかちで、勤務時間中に偉そうなことをさんざん言うくせに、自分自身はまったく手を動かさないで、一向に業務がはかどらないなんてことは実際にあります。こうした人を誤って採用しては困るので、「効率的に業務を進めることができる人か」を検証するために標記の質問をするのです。

民間企業でも同様ですが、一人の職員が担当する業務は複数になることが一般的です。そして、複数の業務にはそれぞれ締切りがありますので、「どの業務を、どの順番で処理するのか」ということを考えて、業務を進めなくてはならないのです。つまり、業務の優先順位を決めるということです。

ポイントは、

業務を「緊急性」と「重要性」の2軸で位置づけを明確にして優先順位を決める

ことです。レジュメのグラフを見てください。縦軸に緊急性（上が高く、下が低い）、横軸に重要性（右が高く、左が低い）を置きます。そうすると、

①緊急性・重要性ともに高い
②緊急性は高いが、重要性は低い
③緊急性は低いが、重要性は高い
④緊急性・重要性ともに低い

の4つに区分できます。こうして業務を区分して、優先順位を決めるのです。

「緊急性で判断」「できる業務から着手」は資質を疑われる

よくある間違った回答としては、**緊急性だけで判断する**というもの。確かに、その考え方もわかりますが、それでは「緊急性は低いが、重要性は高い」業務が放置されてしまいます。これでは後々困ってしまいますよね。結局は目の前のことだけに取り組むということですから、目先のことにばかりとらわれて、将来や大局を洞察する能力が欠如している人と思われてしまうでしょう。

「自分のできる業務から、着手していく」という回答もよくありません。これも、結局は客観的に業務を把握するのでなく、自分視点でしか考えていません。緊急性や重要性が高い業務が放置されてしまう可能性が出てきてしまいます。

ちなみに、そもそも業務の内容を理解していなければ、緊急性・重要性で区分することもできません。そのためには、上司や同僚に確認するということも大事になってきます。

Q&A 5 リーダー役とサポート役のどちらを務めることが多いですか

質問の意図は

● 受験生が所属する組織の中で、どのような立ち位置にいることが多いのか
● 組織の成果を上げるために、どのような役割をしてくれるのか

自分がリーダー役、サポート役のどちらの役割を果たすことが多いのかを、きちんと自覚していることが大事

こう答えるのがイイ！

具体的に何を行ってきたのかを説明する

その内容が公務員となった場合にも再現可能であることが面接官に伝われば、面接官は受験生が組織に貢献してくれることをイメージできる

組織での自分の役割、立ち位置を自覚しているか

この質問も頻出です。質問の意図は、受験生が所属する組織の中で、どのような立ち位置にいることが多いのか、そして組織の成果を上げるために、どのような役割をしてくれるのかを確認することにあります。

当然のことながら、「リーダー役だから高評価」のようなことはありません。リーダー役とサポート役のどちらでも構いません。まずは、**自分がどちらの役割を果たすことが多いのかを、きちんと自覚していることが大事**になります。

この自覚がないということは、ただなんとなく組織に所属しているだけということになりますので、組織に対して貢献する意識が希薄だと判断されてしまいます。つまり、組織人としての適格性を疑われてしまうのです。

ちなみに、「一方に偏ることなく、どちらの役割にも就きます」という回答でも構いません。自分の得意な競技を行うサークルでは代表になったけれど、苦手な勉強のゼミではなんの役職にも就いていないということもあるからです。ただし、この後の面接のやり取りを考えると、どちらか一方に決めておいたほうが、効果的なアピールにつなげられます。

リーダー／サポート役でも貢献できるとアピールしよう

リーダー役であれ、サポート役であれ、**大事なことは**

組織の成果やパフォーマンスを高めるために、リーダー役（もしくはサポート役）として何を行ったのか

という点です。

リーダー役であれば、次のようなことを行う必要があります。組織目標の設定、目標達成のための計画作成や環境整備、計画の進捗管理、メンバーへの動機づけ、メンバー間の不和やトラブルへの対応、対外折衝などが考えられます。

一方、サポート役であれば、リーダーの補佐・援助、リーダーと他のメンバーとのパイプ役、円滑なコミュニケーションが行える環境づくり、メンバーの不満などの聞き役などが考えられます。

つまり、「組織の成果やパフォーマンスを高めるために、私は○○ができます！」ということを明確にアピールできることが重要なのです。その際に、実際のエピソードを挙げて説明したほうが、説得力は増します。そして、その内容が、公務員となった場合にも再現可能であることが面接官に伝われば、面接官は受験生が組織に貢献してくれることをイメージできます。

都道府県と市区町村の業務の違いを述べてください

都道府県と市区町村の業務は

- 都道府県は市区町村をサポートしながら独自の業務も行う
- 市区町村は住民の生活に密着した業務を行う

- 子育て支援であれば保育所の整備、児童手当の支給、子育てに悩む住民への相談などは、基本的に市区町村の業務
- 都道府県は、これらに要する費用を市区町村へ補助するなどして、市区町村をサポート
- 都道府県独自の業務もある（例：警察、病院、私立学校に関することなど）

志望理由とやってみたい業務をどう結び付けるか

市区町村を志望するなら
- じかに住民と接する業務を行いたい

都道府県を志望するなら
- 市区町村のサポートを通じて、都道府県民の福祉の向上や都道府県全体の活性化に貢献したい

都道府県と市区町村の業務の違いはズバリこれ！

　併願先などの質問から、都道府県と市区町村の両方を受験していることが判明すると、「都道府県と市区町村の業務の違いを述べてください」と質問されることがあります。

　結論から言えば、

都道府県は市区町村をサポートしながら独自の業務も行い、市区町村は住民の生活に密着した業務を行う

です。子育て支援であれば保育所の整備、児童手当の支給、子育てに悩む住民への相談などは、基本的に市区町村の業務です。都道府県は、これらに要する費用を市区町村へ補助するなどして、市区町村をサポートしているわけです。こうしたことは、福祉、教育、環境、産業など、さまざまな分野で見られます。

　一方で、都道府県独自の業務、たとえば、警察、病院、私立学校に関することなどがあります。同じ分野でもあっても市区町村と明確に区分していることもあります。県立高校、県道、県営住宅、県税などがよい例でしょう。

　以上はあくまで原則で、政令指定都市が県庁の業務を行うこともありますし、反対に市区町村で行うことが一般的な業務を、都道府県が実施することもあります。ちなみに、東京特別区は、大都市の特殊性などの理由により、一般の市が行う上下水道、消防などの業務を東京都が行っています。

業務の違いを志望理由とどう結び付けるかがポイント

　皆さんにとっては、この業務の違いを、志望理由ややってみたい業務といかに結び付けるのかが大事だと思います。そこで、いくつかその例を紹介しましょう。

　まず、基礎自治体である**市区町村の場合**は、

じかに住民と接する業務を行いたい

でよいでしょう。いわゆる「フェイストゥフェイス」です。

　都道府県の場合は、

都道府県内市区町村のサポートを通じて、都道府県民の福祉の向上や都道府県全体の活性化に貢献したい

などが考えられます。観光であれば、一つの市区町村で行うよりも、各市区町村をつなげた観光施策（アニメの聖地巡礼など）のほうが、広域というスケールメリットを活かすことができます。

本市の**最大の行政課題**は何だと思いますか

質問の意図は

- この質問の答えは１つではなく、さまざまな課題が「最大の行政課題の１つ」になりえる
- ただし、なんでもよいわけでなく一定の範囲はある

質問に備えるには

次の媒体や手段などで自治体の行政課題を把握しておく
①首長の所信表明や議会招集挨拶
②直近の予算案の概要やプレス発表資料
③広報紙や自治体ホームページ

この質問の後に来る質問は

- なぜ、それが最大の行政課題と思うのですか
- その課題に対して、どのように対応したらよいと思いますか

これらに備えて「最大の行政課題」を選択しよう

質問の真意は「自治体の行政課題を知っているか」

標記の質問は受験生の自治体に対する認識を問うものです。「最大の行政課題」などと質問されると、いかにも正解は1つのように考えてしまう受験生もいますが、この質問の正解は1つではありません。

そもそも、自治体は少子高齢化、地域活性化、健康、子育て支援、環境対策、教育など、幅広い分野の業務を行っています。このため、**「最大の行政課題が1つ」などということはなく、いろいろな課題が「最大の行政課題の1つ」になっている**のが実態なのです（禅問答のようですが……）。

しかし、この質問の回答が何でもよいわけではありません。面接官が「それが本市の行政課題なの？」と疑問に思ってしまうような回答も当然あります（たとえば、窓口の定型業務など）。つまり、面接官からすれば、「とても最大の行政課題とはいえない」内容なのです。これでは受験生の見識を疑ってしまいます。

こうした事態を避けるためには、

- 首長の所信表明や議会招集挨拶
- 直近の予算案の概要やプレス発表資料
- 広報紙や自治体ホームページ

などで自治体の行政課題を把握しておくことが重要です。

第2の質問に備えて行政課題を選ぼう

また、面接では単にこの行政課題を聞いて質問が終わるのではなく、**「なぜ、それが最大の行政課題だと思うのですか」「その課題に対して、どのように対応したらよいと思いますか」と第2の質問が来ることが一般的**です。

受験生の立場からすると、この第2の質問が来ることを見据えたうえで、「最大の行政課題」を選ぶ必要があります。「なぜ、それが最大の行政課題と思うのですか」「その課題に対して、どのように対応したらよいと思いますか」の質問に答えられない行政課題を選んではいけません。

なお、「なぜ、それが最大の行政課題と思うのですか」は、住民への影響の大きさ、時代的な背景などを踏まえて答えることになります。注意したいのは「その課題に対してどのように対応したらよいと思いますか」への対応です。独特な答えや突拍子もない答えはNGです。

そもそも最大の行政課題は、すぐに解決できるようなものではなく、それこそ自治体が腰を据えて対応している、困難な課題なのです。現在、当該自治体が実施している対応策を踏まえて、答える必要があります。

Q&A 8　どこまで**出世**したいですか

質問の意図は

最近の自治体職員には出世意欲がなく、昇任しようと考える職員が減少
している

面接官は、受験生の出世に対する考えを知りたい

しかし、まだ働いていないので、「出世したい」が答えでなくてもよい

こう答えるのがイイ！

①できるところまで昇任したい
②出世することは考えていません
③働いてから考えます

正解はない、自分の考えを率直に言って構わない

　最近よく聞かれる質問の一つです。この質問がなされる背景には、**最近の自治体職員には出世意欲がなく、昇任しようと考える職員が減少している**ことがあります。「大して給料も上がらないのに、責任だけ重くなる係長や課長になるのは嫌」と考える職員が多いのです。

　このため、かつて係長や課長になるための試験（論文や面接などの昇任試験）があった自治体でも、試験を廃止して指名制にしたところもあるくらいです。こうした背景があることから、受験生がどの程度昇任したいと考えているのかは、面接官も知りたい情報の一つなのです。

　結論を言えば、この質問に正解はありません。まだ働いていないのですから、受験時に態度を決められないのは当然のことです。自分の考えを率直に伝えて構いません。以下、回答別に注意点を考えてみましょう。

　なお、こうした質問に対応するため、自治体の任用制度（係長や課長等のポスト体系や昇任試験の有無など）は、一応調べておいたほうがよいでしょう。

「出世したい」「考えていない」「これから考える」の損得勘定

　第1に、**「できるところまで昇任したい」**という回答。これは、面接官にとっては好印象です。先に述べたように、係長や課長のなり手が少なくて自治体としても困っているのですから、渡りに船です。受験生のやる気も感じられ、高評価につながる可能性も高いと思われます。

　ただし、露骨な上昇志向は鼻につく印象を与えるため、注意が必要です。面接官は自治体の管理職であることが多いのですが、すべての人が出世意欲を持っているのではなく、周囲から勧められて管理職になったという人もいます。そうすると、この回答に違和感を持つかもしれません。

　第2に、**「出世することは考えていません」**という回答。やや消極的な印象を受けます。しかし、実際の公務員の中には、出世しなくても定年まで安定した職があればそれで十分と考える人も少なくありません（人数としては女性に多いのですが、男性も少なくありません）。このため、この答えが必ずマイナスの評価になるとはいえないのですが、なぜそう考えるのかの説明は必要です（「管理職になると住民対応の機会が減少してしまう」など）。

　その他、**「今は出世のことまで考えていません。働いてから考えます」**も答えとしてはありえます。受験生はまだ働いていないわけですし、「ひととおりのことを理解してから出世を考える」という人は多いので問題ありません。

最近の関心ある**ニュース**や **出来事**を教えてください

この質問の意図は

①受験生の興味・関心事項を聞き、その人柄を知る
②時事や社会状況などを把握しているかを確認する
③受験生の情報収集力を知る

ニュースや出来事にからめてアピールしたいこと

①実は意外なことに興味がある／視野が広い
②最近の時事にも敏感であり、常に情報収集に努めている
③情報収集力の高さ

何をアピールするか、戦略的に考えて対応したい質問

　この質問の意図は、

①受験生の興味・関心事項を聞き、その人柄を知る
②時事や社会状況などを把握しているかを確認する
③受験生の情報収集力を知る

などがあります。面接官は、必ずしも①～③のすべてを確認しようとしているのではなく、一つだけということもあります。

　受験生としては、この質問によって何をアピールできるかを考える必要があります。

　①であれば、「実は意外なことに興味がある」ということをアピールできます。たとえば、面接で聞かれた「やってみたい業務」や「学業」では触れなかった海外情勢などを取り上げ、「視野の広さ」をアピールすることもあるでしょう。もちろん、「業務」や「趣味」などに直結する内容であっても、問題ありません。

　最近の市政の動きなどを取り上げて、「市政を把握している」ことを強調することも考えられます（ただし、志望動機などの繰り返しのように聞こえてしまうので、効果的なアピールにならないこともありますが……）。この場合、「では、市としてはどのように対応すべきだと思いますか」との再質問があることも十分考えられます。

当日の朝刊内容はポイントが高いが、難度は高い

　②であれば、「最近の時事にも敏感であり、常に情報収集に努めている」ことをアピールできます。それが面接当日の朝刊に掲載された内容だったら、面接官も驚いてしまうかもしれません。ただし、当然のことながら「なぜ、それに関心があるのか」や「その問題について、どのように対応したらよいか」との再質問があるので、それにきちんと答えられるようにしておくことが必要です。

　③であれば、「日頃から日本経済新聞を読んでいるので、株価の動向が気になります」などと述べることがあります。この場合、面接官としては受験生の興味・関心の対象よりも、「なぜ日経を読んでいるの」のように情報収集の方法について質問するかもしれません。**受験生としては、わざと質問を誘導し、自分の情報収集力の高さをアピールするという作戦がとれる**わけです。

　ちなみに、関心事項は「うちで子ネコが生まれたことです！」のような個人的なことや芸能ネタは困ります。しかし、「藤井聡太棋士の連勝記録の更新です」などであれば、趣味の将棋に結び付けて話すということも考えられます。

何か**聞きたいこと**は
ありますか

質問の意図は

①受験生のやる気をみる
②受験生の受験先に対する理解度を知る
③コミュニケーション能力をみる

ダメな回答例

- 「質問はありません」
- 調べればわかることを質問する
- 権利を主張することをイメージさせる質問
- 面接官の個人的な感想に関する質問
- TPO（Time、Place、Occasion：時間と場所と場面）をわきまえない質問

142

ベテラン職員にしか聞けないことを逆質問しよう

　いわゆる逆質問です。質問の意図は、受験生のやる気をみる、受験生の受験先に対する理解度を知る、コミュニケーション能力をみるなどがあります。

　ちなみに、筆者が勤務していた自治体では、この逆質問は禁止でした。その理由は、受験生のペースになってしまう、この質問の回答が効果的な判断材料にならないなどがあるようです。しかし、本当の理由は、即席の面接官だと、適切でない回答をしてしまうからだと、個人的には思っているのですが……。

　この逆質問に対しては、「**ベテラン職員にしか聞けないことを質問する**」のがよいでしょう。たとえば、

- もし合格できたら、入庁までにやっておいたほうがよいことはありますか
- 庁内にはサークル活動がありますか
- パソコンのスキルはどの程度必要ですか

などが考えられます。

質問内容によってはダメな受験生と思われる危険も

　反対にダメな回答もご紹介したいと思います。

　「質問はありません」は、受験生のやる気が感じられませんので NG です。

　調べればわかることもダメです。「一つの部署には何年くらい在籍するのが一般的ですか」「昇任するための試験はありますか」などの質問は、採用案内などのパンフレットに掲載されていることがあります。こうしたことを質問してしまうと、「そんなことは、調べればわかるだろう！」と受験生の意識に疑問を持たれてしまいます。

　権利を主張することをイメージさせる質問も避けたほうがよいでしょう。「残業はどれくらいありますか」「異動希望はかないますか」「育児休業は取得しやすいですか」などです。受験生にとっては興味があることだと思いますが、合格もしていない段階でこれらの質問をしてしまうと、「権利ばかり主張する人なのかな」と思われてしまい、マイナスです。

　さらに、「これまでで最もよかった職場を教えてください」「今後の人口減少に伴い、市としては行政サービスの見直しについて、どのように考えているのでしょうか」も NG です。前者は、個人的な感想です。たまたまその場にいる面接官の思いを聞くのでは質問力を疑われます。後者は、「それをこの面接の場で聞くか？」と面接官は考えてしまいます。TPO をわきまえていない、コミュニケーション能力がないと判断されてしまうでしょう。

教えて！ 春日先生

本命以外での面接練習は
許される？

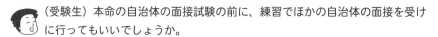 （受験生）本命の自治体の面接試験の前に、練習でほかの自治体の面接を受けに行ってもいいでしょうか。

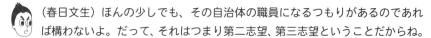 （春日文生）ほんの少しでも、その自治体の職員になるつもりがあるのであれば構わないよ。だって、それはつまり第二志望、第三志望ということだからね。

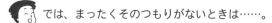 では、まったくそのつもりがないときは……。

その場合はダメだね。試験は、その自治体の貴重な税金を使って行われているんだ。だから、まったく就職するつもりがないのであれば、その自治体を受験するのはおかしいよね。

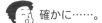 確かに……。

もちろん、受験生の気持ちはわからないでもないよ。大事な本命の試験前に練習しておきたいのは当然の思いだろう。しかし、自治体側も貴重なお金と人材、時間を費やして面接試験を準備していることは理解してほしいな。

そういえば、試験の申込みをしたら極力欠席をしないように、受験案内にも書いてありました。

それも理屈は同じことだね。でも、反対に「本命しか受験しない」というのは危険だから、いろいろな自治体のことを調べて、可能性を広げておくことは大事だよね。練習だけを目的に受験するのではなく、就職してもいいなと思える自治体を第二、第三志望にできれば、結果的に練習にもなるし、選択肢も増えるしで一挙両得というわけだ。

 は〜い！

知らなきゃアウト！
時事ネタ質問への
対応法

Chapter 5

択一式試験で出題される時事問題対策として、普段からニュースや新聞に目を通している社会派も、ダイジェスト本で要領よくチェックするタイパ派もいることでしょう。面接試験でも時事問題を題材とした質問がなされます。テーマに関する知識ゼロは論外。試されるのは受験生の思考過程や問題解決能力といった深ぁーい部分。今年聞かれそうな10テーマのポイントを押さえ、対策・対応を講じて、行政での解決策をスマートに語っちゃいましょう！

人口減少社会対策として、本市は何をすべきですか

人口減少社会対策のポイント

①人口減少の直接の原因である少子化への対応
- 結婚・出産・子育て支援

②少子化対策以外の対応
- 住民の誘致：子育て世帯の転入にお祝い金を支給するなど
- 企業の誘致：ワーケーションの場所としてアピールすることも
- コンパクトシティの実現：まちの機能を集約化して、経費を削減

③ほかには
- 関係人口の増加、移住婚の取組みなど

押さえておきたいキーワード

ワーケーション	「ワーク」（労働）と「バケーション」（休暇）を組み合わせた造語。観光地やリゾート地でリモートワークを活用し、働きながら休暇を取るもの
関係人口	移住した「定住人口」でもなく、観光に来た「交流人口」でもない、地域や地域の人々と多様にかかわる人々のこと。関係人口の増加により、地域外の人材が地域づくりの担い手となることが期待されている
移住婚	都市部から地方に移住を希望したい独身者に結婚相手と移住先を同時にサポートする取組み

人口減少の原因は少子化であることから発想しよう

　日本全体で人口減少が進む中で、多くの自治体でも人口減少は喫緊の課題となっています。このため、採用試験の論文のテーマとして出題されることはもちろんのこと、面接で質問されることも当然あります。**「人口減少が本市に与える影響は」との質問も想定されます**ので、地域コミュニティの崩壊、税収減による住民サービスの低下なども押さえておく必要があります。

　人口減少の原因は少子化です。このため、人口減少を食い止めるためには次のような必要があります。

> ● 結婚・出産・子育てに対して支援する
> ● 子どもを産みやすい・育てやすい環境を整備する

　これらの対策としては、結婚相談所の開設、街コンの開催、出産祝い金の支給、保育所などの施設整備、子育てしやすい環境整備のための企業への広報・啓発などが考えられます。

人口減少打開は住民・企業誘致、コンパクトシティ実現

　結婚・出産・子育て支援は、直接子どもを増やす政策ですが、人口減少対策としてはその他の対応も考えられます。

　第1に、**住民の誘致**です。現在、各自治体では空き家を低額や無償で提供したり、子育て世帯の転入にお祝い金を支給したりするなどして、転入者を増やす施策を展開しています。また、Uターン、Iターン、Jターンを促進しています。

　第2に、**企業の誘致**です。物価が安い、都会までのアクセスがよいなどをアピールして、企業を誘致する自治体もあります。企業が移転してくれば、住民も増えますので、税収増が期待できます。企業誘致までいかなくても、ワーケーションの場所として活用できることをアピールすることもあります。こうした場合、IT の環境整備などに補助金を出すこともあります。

　第3に、**コンパクトシティの実現**です。人口減少のため、まちそのものをコンパクトにして支出を減らすという方法もあります。たとえば、住居地域を特定の地域に集約して、インフラなどに要する経費を削減するのです。もちろん、このコンパクトシティの実現には住民の転居や、一時的な支出の増加もあるのですが、これにより将来的な支出を削減するのです。

　このほかにも、観光に力を入れて定住者を増やす、関係人口の増加、移住婚の取組みなどがあります。まずは、受験する自治体で何を行っているのかを把握しておく必要があります。

少子化対策として、本市は何をすべきですか

少子化対応のポイント

①結婚支援
- 結婚相談所の開設
- 街コンの開催
- AI を活用したマッチングシステムの導入
- 婚活セミナーの開催

②出産支援
- パパママ学級の開催
- 家事援助者などの派遣
- 結婚祝い金や記念品のプレゼント

③子育て支援
- 保育施設の整備
- 保育サービスの拡充
- 企業へのワークライフバランスの周知

少子化対策は人口減少とセットで覚えておこう

　人口減少の直接の原因は少子化であり、少子化対策そのものが面接で質問されることもあります。**少子化対策と人口減少対策はセットで覚えましょう。**

　少子化対策の目的は、子どもそのものを増やすことです。このため、子どもを産みやすい・育てやすい環境の整備を行う必要があり、結婚・出産・子育てに対する支援が求められます。しかし、人口減少対策の場合は、それ以外にも、他の地域から住民が転入してくることや、人口減少を前提としたまちづくりということも対策になります。この点が両者の違いです。

結婚・出産・子育てへはトリプルコンボで支援する

　結婚・出産・子育てへの支援をもう少し深掘りしましょう。**結婚支援**については、次のようなものがあります。

- 自治体による出会いの場の創出
- 結婚に関する意識啓発

　出会いの場の創出では、結婚相談所の開設、街コンの開催のほか、AIを活用したマッチングシステムを導入している自治体もあります。意識啓発では、婚活セミナーの開催や、結婚後の生活に関するサポート体制の周知などがあります。さらに、自治体独自で結婚祝い金などを支給する例もあります。

　出産支援では、次の支援があります。安心して出産を迎えられるように、出産を控えた夫婦などを対象として、妊娠中の過ごし方、赤ちゃんのお風呂の入れ方、父親の役割などを教える教室・講座です。産前・産後に家事援助者などを派遣するサービスや、出産支援金を支給するなどの例があります。

- パパママ学級などの名称で実施される支援

　さらに、**子育て支援**については、次のようなものがあります。

- 保育所の整備
- 夜間保育や病児保育などの保育サービスの拡充
- 子育てに関する相談対応

自治体から企業に対する働きかけも重要です。具体的には、ワークライフバランス実現への広報、男性社員の育休取得推進のPR、子育て支援に積極的な企業の表彰制度の構築などがあります。「子育てしにくい環境」では、とても子どもを持とうと思いませんので、その不安を払拭することが重要です。

高齢化対策として、本市は何をすべきですか

高齢化対策のポイント

①高齢者雇用の促進
②健康寿命延伸の取組み
③認知症予防の取組み

高齢化が自治体に及ぼす影響

● 財政負担の増大
● 地域コミュニティの崩壊
● 地域産業の衰退
● 認知症、孤独死の増加

高齢化の原因は65歳以上人口の増加と若年人口減少

　高齢化対策は日本全体の課題で、各自治体にとっても同様です。65歳以上の高齢者人口が総人口に占める割合を高齢化率といいます。高齢化率が7〜14％未満を「高齢化社会」、高齢化率14〜21％未満を「高齢社会」、高齢化率が21％以上を「超高齢社会」と呼びますが、その定義は厳密ではありません。

　なお、高齢化の原因は、次の2点が挙げられます。

● 平均寿命の延伸による65歳以上人口の増加
● 少子化の進行による若年人口の減少

　高齢化には多くの課題があります。国全体で考えると、数少ない現役世代が多くの高齢者を支えるため、社会保障制度を維持できるのかがあります。

　自治体の視点で考えると、**高齢者施設や福祉サービスなどに要する負担が増大するため、財政を圧迫**します。しかし、生産年齢人口の減少により税収が減少するため、行政サービスの維持が困難となります。高齢者の割合や高齢者数の増加により、地域コミュニティの崩壊、地域産業の衰退、認知症、孤独死などの対策も求められます。

　このように、財政状況が厳しい中で、高齢化対策としてさまざまな課題に対応することが求められます。

「高齢者雇用促進」「健康寿命延伸」「認知症予防」はマストだ

　高齢化によるさまざまな課題に対応するため、自治体では以下のような対応を行っています。

　第1に、**高齢者雇用の促進**です。2021年4月に改正高年齢者雇用安定法が施行され、65歳までの雇用が義務化されるなどの対応がとられました。自治体においても、相談窓口の設置、シルバー人材センターの拡充、企業とのマッチングなどの取組みを行っています。

　第2に、**健康寿命延伸の取組み**です。健康寿命とは、平均寿命から寝たきりや認知症など介護状態の期間を差し引いた期間のことです。平均寿命と健康寿命の差は、日常生活に制限のある「不健康な期間」ですので、この期間を減少させる必要があります。このため、公園に健康器具を設置したり、民間スポーツクラブと連携したりして、健康維持を促進しています。

　第3に、**認知症予防の取組み**です。高齢化に伴い、認知症患者の増加が予想されます。このため、認知症に対する意識啓発はもちろんのこと、生きがいづくりのための老人クラブ活動や各種講座の開催などを行っています。

地域を活性化するために、本市は何をすべきですか

地域活性化のポイント

①当該自治体の考える地域活性化とは何かを把握すること
②現在の地域活性化策にプラスαをすること

地域活性化が難題なのは自治体によって問題点が異なるから

● 例1：人口減少の自治体は、人口増・転出防止がテーマ

具体的対応策の例	転入世帯を増やすための子育て施策の充実
	UIJ ターンの促進
	企業移転の補助制度の創設

● 例2：人口増加の自治体は、旧住民と新住民の融合がテーマ

具体的対応策の例	地域の防災訓練やお祭りを両者がともに企画・実行
	学校を単位とした子どもの見守り活動を一緒に行う

160

地域活性化は一筋縄でいかない課題なことを心得よう

　地域活性化は、自治体にとって永遠不変の課題です。しかし、地域活性化という言葉は抽象的で、人によってイメージするものは異なってきます。人口が多い、経済活動が盛ん、観光客が多い、地域活動が活発などと想定できます。このように、**各自治体の考える地域活性化の具体的内容は、それぞれ異なっています**。この点に注意する必要があります。

　人口減少が課題になっている自治体では、人口減少を食い止めることが大きなテーマでしょう。地域を活性化しようにも、その中心となる住民が減ってしまっては、そもそも活性化するのは困難です。そうすると、地域活性化＝人口減少対策となります。このため、具体的対応として、

● 転入世帯を増やすための子育て施策の充実（保育料や子ども医療費の無料化など）
● UIJ ターンの促進
● 企業移転の補助制度の創設
● 観光等の産業振興

などが行われています。反対に、人口増となっている地域では、昔からその地域に居住している旧住民と、転入してきた新住民との融合が課題になっています。このため、自治体では、

● 地域の防災訓練やお祭りを一緒に企画・実行してもらうことで交流を図る
● 学校を単位とした子どもの見守り活動を一緒に行うことで認識を共有する

などをしています。

自治体が考える地域活性化策に何か足す

　面接では、次の点に注意が必要です。

　第1に、**当該自治体の考える地域活性化とは何かを把握すること**です。冒頭に挙げたように、自治体のよって地域活性化の具体的内容は異なります。このため、首長の所信表明や議会招集挨拶、総合計画などを調べて、確認してください。自治体のホームページ内で「地域活性化」を検索してみましょう。

　第2に、**現在の地域活性化策にプラスαをすること**です。「本市は何をすべきか」の問いに対し、すでに実施している施策をそのまま答えるのでは不十分です。今後どのようなことを行ったらよいか、現行施策の改善点など、受験生独自の要素を加味するようにしてください。

DXへの**対応**として、本市は何をすべきですか

DX のポイント

① **DX とは何か**
② **DX の推進は、本市にどのような影響があるのか**
③ **本市は、どのように DX を推進すべきか**

DX に向けて自治体がとるべき対応

① **住民サービスの向上**
- マイナンバー活用等による行政手続のオンライン化など

② **効率的な行財政運営**
- AI・RPA の活用など

③ **職員の育成**
- 情報セキュリティの徹底、外部人材の活用など

押さえておきたいキーワード

DX (Digital Transformation)	進化した IT 技術を浸透させることで、人々の生活をよりよいものへと変革させること。自治体にとっては、DX の推進により、住民サービスの向上と効率的な行財政運営が期待される
RPA	人が行う定型的なパソコン操作をソフトウェアのロボットが代替して自動化するもの

DXは多くの自治体が対応済み、活用アイデアを述べよう

国は「自治体DX推進計画」を作成し、全国の自治体のDXを推進しています。自治体も「〇〇市DX推進計画」のような計画を策定しています。

DXの内容はレジュメにまとめたとおりですが、**自治体にとっては、住民サービスの向上と効率的な行財政運営が期待**されています。

住民サービスの向上については、オンライン申請などが進めば、わざわざ役所の窓口に来る必要がなく、いつでもどこでも申請できるため、住民の利便性は高まります。なお、その際、マイナンバーを活用するものは全国共通で実施することができます。また、その自治体特有の事業であれば、マイナンバーを活用しないケースも想定されます。

効率的な行財政運営については、AI（Artificial Intelligence）やRPA（Robotic Process Automation）などの活用があります。現在でも、AIを用いたチャットボット（自動会話プログラム）でごみの分別方法などを教えるシステムを導入していることもあります。RPAを用い、さまざまな申請書の入力や各種データの集約・集計などを自動で行うことができます。

なお、**自治体がDXを推進するためには、職員の育成や組織体制の整備なども求められる**ので、そうした点にも注意が必要です。

DXが行政に及ぼす影響と推進方法、情報格差への配慮も

以上を踏まえ、面接における質問のポイントは以下のとおりです。

第1に、**そもそもDXとは何か**です。これはDXの内容を理解しているのかを確認するために、質問される可能性があります。この後に続く、DXに関する質問の前提として確認されるかもしれません。

第2に、**DXの推進は、本市にどのような影響があるのか**です。自治体にとっては、住民サービスの向上と効率的な行財政運営が期待されています。それが具体的にどのような内容なのかを理解しているのかが問われます。

第3に、**本市は、どのようにDXを推進すべきか**です。自治体にとってはメリットのあるDXの推進ですが、課題もあります。まず、人材と予算です。特に、DXは専門的な内容ですので、職員の育成はもちろんのこと、外部人材の活用なども検討が必要かもしれません。さらに、DXの推進に当たって住民の理解も必要となります。オンライン申請は確かに便利ですが、一方でIT機器を活用できない高齢者や障害者などへの配慮も必要です。こうしたデジタルデバイド（情報格差）についても配慮しているかが問われます。

リカレント教育のために、本市は何をすべきですか

リカレント教育のポイント

①リカレント教育とは何か
②生涯学習やリスキリングとは何が違うのか
③本市は、どのようにリカレント教育を推進すべきか

リカレント教育が自治体に必要な理由

● 人生100年時代を迎え、学び続けることが重要
● 急速なデジタル化の進行により、必要とされる職業・能力等が変化
● ジョブ型雇用の定着など、働き方の変化

押さえておきたいキーワード

リカレント教育 （学び直し）	社会人になってからも、学校などの教育機関に戻って学習し、再び社会へ出ていくことを生涯にわたり続けることができる教育システムのこと。働くための学び
生涯学習	人々が生涯に行うあらゆる学習の場や機会において行う学習。趣味、生きがいの学びも含まれる
リスキリング	企業が、従業員に新たな仕事のスキルや知識を習得させるために実施するもの

リカレント教育がなぜ注目されるかを知っておこう

　現在、リカレント教育が注目され、実際に公務員試験の論文でも出題されています。リカレント教育の内容はレジュメにまとめたとおりですが、注目される理由として次のことなどがあります。

- 人生100年時代を迎え、今後ますます高齢者の健康や就労が重要となってきている
- 急速なデジタル化の進行により、AIやDXへなどの技術革新・市場の変化に対応するため、必要な知識の獲得が求められている
- 終身雇用に代わるジョブ型雇用の定着化など、従来の日本人の働き方も変化している

リカレント教育は働くための学び、自治体が推進する3つの方法

　リカレント教育に関する質問のポイントは、以下のとおりです。

　第1に、**そもそもリカレント教育とは何か**です。リカレント教育の内容を理解しているのかを確認するために、質問される可能性があります。

　第2に、**生涯学習やリスキリングとは何が違うのか**です。これまで自治体は、生涯学習に力を入れてきました。しかしリカレント教育は働くための学びであり、生きがいや趣味としての学びも含む生涯学習とは異なるのです（リカレント教育は生涯学習の一つといえます）。また、最近では、企業によるリスキリングも注目されています。これは企業が戦略的に従業員に学びの機会を与えることです。リカレント教育とはやはり異なるので、注意が必要です。

　第3に、**本市は、どのようにリカレント教育を推進すべきか**です。自治体の取組みとしては、次の3点が考えられます。

①自治体が実施する講座の充実
②リカレント教育に関する情報提供の充実
③住民に対する意識啓発

　①については、自治体でもすでに各種講座を開催していますが、今後もその内容を充実させるとともに、民間事業者と連携した講座なども考えられます。図書館の充実（電子書籍、DVD、オーディオブックなど）もあります。②については、リカレント教育は自治体だけでなく、国・大学・民間事業者など、さまざまな主体が実施しています。こうした情報を集約し、住民にわかりやすく情報提供することが必要です。③については、リカレント教育の必要性を住民に周知し、住民が主体的に学ぶようにすることが望まれます。

Theme **7**

SDGsに対して、本市は何をすべきですか

SDGs のポイント

①自治体と SDGs の関係をどのように考えているのか
②本市は SDGs にどのように取り組むべきか
③あなたは公務員として、SDGs にどのように取り組むのか

SDGs が自治体に関係する理由

そもそも自治体は持続可能なまちづくりをめざしており、SDGs の理念を従来から実施しているといえる。そのため、自治体のさまざまな事業は、17 のゴールに関連づけられる
● 例「目標1：貧困をなくす」→生活保護など
● 例「目標13：気候変動に具体的な対策を」→環境対策など

押さえておきたいキーワード

持続可能な開発目標 （SDGs：Sustainable Development Goals）	2015 年 9 月の国連サミットで加盟国の全会一致で採択された「持続可能な開発のための 2030 アジェンダ」に記載された、2030 年までに持続可能でよりよい世界をめざす国際目標。17 のゴール・169 のターゲットから構成され、地球上の「誰一人取り残さない」ことを掲げている

知らなきゃ即アウト！　最低限の知識は覚えておこう

　SDGsに関して、論文や面接で出題されることがあります。自治体にとって「持続可能なまちづくり」は永遠のテーマであり、それはSDGsの理念そのものといえます。このため、出題されやすいので、注意が必要です。

　まず、SDGsとは何かを理解しておく必要があります。細かい知識までは必要ありません。レジュメに掲載した内容を把握しておくだけで十分です。そもそもSDGsとは何かを知らなければまったくのお手上げで、回答すらできません。最低限の知識だけは覚えておきましょう。

　次に、受験する自治体のSDGsに対する取組みを確認することです。**SDGsに対する取組みは、自治体によってかなり温度差があります**。その自治体が、SDGs未来都市や自治体SDGsモデル事業に選定されている場合や、SDGsについて総合的・計画的に推進するため専管組織を設置しているなどであれば、かなり力を入れていますので、特に注意が必要です。一方で、あまりSDGsについて言及していない自治体もあります。いずれにしても、事前にホームページなどで確認しておきましょう。

自治体とSDGsの関係・取組み、自分はどう取り組むか

　以上を踏まえ、面接における質問のポイントは以下のとおりです。

　第1に、**自治体とSDGsの関係をどのように考えているのか**です。そもそも自治体は持続可能なまちづくりをめざしており、SDGsの理念を従来から実施しているといえます。その点を理解しているのかが面接で問われます。

　第2に、**本市はSDGsにどのように取り組むべきか**です。これは、先に述べたように自治体に温度差があるので注意が必要です。想定される回答としては次のようなものがあります。

- 自治体の行政計画とSDGsとを関連づけて取組みを明確に住民等に示す
- 住民や企業等へ啓発などの働きかけを行う
- SDGs未来都市へ応募する
- 地方創生に結び付ける

　第3に、**あなたは公務員として、SDGsにどのように取り組むのか**です。公務員としての意識や自覚と関連づけて質問されることも想定されます。持続可能なまちづくりをめざしている自治体ですから、当然、公務員もSDGsを意識することが重要となります。そのために、あなたは何をしますかと聞かれたら、答えられるようにしておくことが求められます。

多文化共生社会構築
のために、
本市は何をすべきですか

多文化共生社会構築のポイント

①外国人住民の現状を把握しているか
②外国人住民に対してどのような事業を行うべきか
③日本人住民に対してどのような啓発を行うべきか

多文化共生社会に伴う自治体の事情

● 受験する自治体の基礎情報（外国人住民数の推移など）
● 外国人住民向けの事業（日本語教室の開催など）
● 外国人住民と日本人住民との間で起こるトラブル

押さえておきたいキーワード

多文化共生	「国籍や民族などの異なる人々が、互いの文化的ちがいを認め合い、対等な関係を築こうとしながら、地域社会の構成員として共に生きていくこと」（総務省：多文化共生の推進に関する研究会報告書）

多文化共生の背景と、各自治体の国際化事情は要チェック

多文化共生が出題される背景として、

① 2019 年 4 月からの外国人労働者の受け入れ拡大
② 2021 年の東京オリンピック・パラリンピックの開催
③ 訪日外国人の増加

などがあります。今後も外国人住民は増え、さらなる国際化が進展する中で、自治体にとって多文化共生はとても重要です。

しかし、個々の自治体が抱える事情は異なります。企業城下町として特定の国から労働者を受け入れている地域、まだまだ外国人住民が少ない自治体など、さまざまです。このため、受験する自治体の基礎情報（外国人住民数の推移、国別外国人住民数など）を確認するとともに、そうした外国人住民向けの事業（日本語教室の開催など）も押さえておくべきポイントです。

注意すべきポイントは外国人住民と日本人住民との間で起こるトラブルです。日本語の理解が十分でないため、分別しないでごみを出してしまう、横一列になって歩くなど交通ルールを守らない、安易にポイ捨てするなど、さまざまなトラブルが地域で発生しています。受験する自治体でどのようなことが問題になっているのかを把握しておきましょう。

外国人住民の現状・対応、日本人住民の啓発はワンセットで

面接における質問のポイントは、以下のとおりです。

第 1 に、**外国人住民の現状を把握しているか**です。視点としては、外国人住民数、外国人住民向けの事業、トラブルの内容などです。自治体の中に外国人学校があるか否かなども、チェックしておくとよいでしょう。

第 2 に、**外国人住民に対してどのような事業を行うべきか**です。外国人住民が転入した際、外国語版の「生活ガイドブック」などの配布は一般的に行われています。ホームページの多言語化、外国人住民向けアプリの提供なども行われています。外国人住民にもまちづくりの担い手となってもらうため、どのようなコミュニケーション支援、生活支援が求められるのかが問われます。

第 3 に、**日本人住民に対してどのような啓発を行うべきか**です。多文化共生を推進するためには、外国人住民だけでなく、日本人住民への啓発も求められます。日本人住民の異文化理解を促進し、外国人住民との間で円滑なコミュニケーションを構築する必要があるからです。そのため、外国人住民による料理教室、交流イベント、外国語などの講座の開催などがあります。

空き家問題に対して、本市は何をすべきですか

空き家問題のポイント

①空き家問題への対応方法を理解しているか
②空き家にさせないためには何が必要か
③空き家を有効活用するための方法を知っているか

空き家が自治体の深刻な問題になる過程

高齢者の施設入居や人口減少による世帯数の減少

↓

空き家の増大

↓

景観の悪化、ごみの不法投棄、放火や不法侵入などの
犯罪の温床になるなど、さまざまな問題を発生させる

空き家問題への本気度は自治体によって異なる点に注意

　少子高齢化の進行により人口減少が加速しています。このため、高齢者が施設に入居したり、子どもの家に転居したりすると、空き家が発生してしまいます。そもそも日本全体の世帯数が減少する中で、現在でも住宅は新築されていますので、空き家が発生するのは当然のことといえます。

　空き家はさまざまな問題を引き起こします。景観の悪化、ごみの不法投棄、放火や不法侵入などの犯罪の温床などがあります。災害が発生した場合には、空き家の倒壊により避難経路がふさがれてしまう危険も予測されます。

　空き家問題に対する取組みは、自治体によってかなり温度差があります。国土交通省のホームページなどでは、都道府県別の空き家率などが公表されており、かなりのバラつきがあることがわかります。

問題への対応・防止、空き家の有効活用を押さえておこう

　では、標記の質問に回答するに当たって、どのようなことを理解しておく必要があるでしょうか。それは、次の３点に整理することができます。

　第１に、**空き家問題への対応方法を理解しているか**ということです。空き家はさまざまな問題を引き起こしますが、だからといって行政が勝手に片付けることはできません。空き家も個人や法人の財産だからです。このため、空き家がごみ屋敷になった場合には、次のプロセスを踏まえることになります。

①行政による助言指導、勧告、命令などがなされる
②これらの過程を経た後、行政代執行（行政による解体）が行われる

　この点を理解しているのかが問われます。

　第２に、**空き家にさせないためには何が必要か**ということです。現在空き家になっていない居住者である住民も含めて、空き家問題に対して意識啓発を行うことが重要となります。具体的には、空き家が悪臭や犯罪など、地域に大きな問題をもたらすことを、動画やパンフレット、SNSなどのさまざまな方法を用いて広報を行うことが考えられます。その他、行政による定期的なパトロール、解体費用の助成、相談窓口の設置なども考えられます。

　第３に、**空き家を有効活用するための方法を知っているか**ということです。仮に空き家が発生したとしても、それを有効活用できれば、空き家ではなくなります。国土交通省が行っている全国版空き家・空き地バンクに登録してもらえば、空き家を活用したいと思っている人とマッチングすることができます。また、自治体独自でマッチングを行っていることもあります。

防災対策として、本市は何をすべきですか

Theme 10

防災対策がよく質問される理由

①受験生の「やってみたい業務」に、防災対策がよく挙げられている
②防災対策は自治体ならではの業務である
②受験生も職員になれば、避難所運営などに従事する

自助・共助・公助を推進するために自治体が行うこと

● 住民の防災意識を高めるための広報・啓発を行う（自助）
● 自主防災組織を援助する（共助）
● 関係機関との連携体制を構築する（公助）

押さえておきたいキーワード

自助	自分の身は自分で守ること
共助	地域の住民や団体などで助け合うこと
公助	自治体などの公的機関による活動

「自助」「共助」「公助」は押さえておきたいキーワード

　防災対策は面接でよく質問されたり、話題になったりすることが多いテーマです。それは、受験生自身が「やってみたい業務」として掲げることもありますが、防災対策は、住民の生命と財産を守るという自治体の使命として不可欠な業務だからです。

　災害が発生した場合、自治体職員は避難所の運営を行うなど、通常とは異なる業務に従事することになります。場合によっては、何日も家に帰ることができず、庁舎に泊まり込みという事態もあります。このため、こうした点を理解しているかという意味からも、面接で質問されるわけです。

　防災対策を述べるうえで知っておきたいのは、自助・共助・公助です。

- ● 自助：自分の身は自分で守ること
- ● 共助：地域の住民や団体などで助け合うこと
- ● 公助：自治体などの公的機関による活動

自治体の役割を、自助・共助・公助の視点から考えてみよう

　この自助・共助・公助の視点から、「防災対策として、本市は何をすべきですか」について考えてみましょう。

　まず、自助です。大災害が発生すると、同時多発的に建物の倒壊や火災が発生するため、すぐに助けが来るとは限りません。自分の身は自分で守ることが基本になります。そのためには、食料や水などの備蓄、非常用持出品の準備、避難所の確認などが必要となります。場合によっては家の耐震補強なども必要です。こうした**住民の防災意識を高めるためには、自治体としては広報や啓発が重要**となります。ホームページやSNSの活用はもちろんのこと、ハザードマップの作成などを行います。

　共助については、町会や自治会などを単位とした自主防災組織の役割が重要となります。いざというときに助け合えるように、組織の編成や地域防災訓練、地域内にいる高齢者や障害者などの災害弱者の把握も重要となってきます。**自治体としては、自主防災組織が活用できるように資機材の提供や活動費の援助を行います。**

　公助については、**警察・消防などの関係行政機関やライフライン各社と連携し、応急活動に従事**します。そのために、平時から関係機関と連携体制を構築することはもちろんのこと、必要な物資や資機材の備蓄を行います。被害想定に基づいて避難所や帰宅困難者のためのスペースの確保も行います。

教えて！ 春日先生

最終合格を勝ち取ったけれど…

（受験生）春日先生！　最終合格をいただきましたよ！　でも、ホンネを言う
と、ほかの職場にも興味があって、就職先を決めかねているんです。心がモ
ヤモヤしてしまって夜も眠れません。

（春日文生）人生で大事な就職先を決める時だから、悩んでしまうことは当然
あるよね。これまでアドバイスしてきた人の中にも、「どちらにも興味があっ
て、決められません」と言う人がいたよ。

どう考えればいいんでしょうか。

まずは、短期的な視点でなく、長期的な視点で考えてみよう。一般的には
20 年から 30 年、もしくはそれ以上働くことになる職場なので、業務内容、
今後のキャリア、通勤などいろいろな視点で、どこが最適かを考えることだ。

そうかあ。二十代職員のお給料や手当とか、今の住まいからの通いやすさと
かだけで判断しては不十分なのね。「やってみたい仕事」も、年齢とともに変
わっていくかもしれないし……。

それに、ある程度の年齢になれば、結婚、出産、子育て、教育、親の介護など、
いろいろな問題にも直面するはず。あなたのプライベートだけでなく自分を
取り巻く環境や人間関係も考慮する必要があるね。

近視眼的でなく、大きな視野に立って判断するのも大切なのね。

ただ本当に大事なのは、福利厚生や給料などではなく、「自分は何のために働
くのか」「その職場で何をしたいのか」だと思う。入庁した早々「こんなはず
じゃなかった」では悲劇だからね。

アツい人だなあ、先生は。

絶体絶命の
ピンチを切り抜ける
テク&フレーズ

想定問答集を作成した、模擬面接も経験した、面接シミュレーションも繰り返して備えは万全でいざ本番！　のはずが、面接官の想定外の質問でパニック状態。頭の中は真っ白で、暗記していた数字や用語もまったく思い出せない、もはや万事休す、か。こんな緊急時に備えて、覚えておきたいテクニック、面接官の厳しい追及をかわし、時間を稼ぐフレーズなどをまとめました。だからといって、事前の周到な準備をおろそかにはできませんよ！

Chapter

6

"は？（なんと言ったの？）"
面接官の質問の意味がわからない

意味がわからない質問の原因は

- 面接官が早口
- 質問の内容が専門的
- 質問の内容が整理されていない
- そもそも質問の内容が意味不明

こう答えるのがイイ！

①聞き返す
②表現を変えて、質問を確認する
③「わかりません」と謝る

面接お悩み相談会①

Chapter
6

面接試験の緊急事態対応マニュアル

みんなはどうしてる？
何回聞き返しても
わからないんだけど
う〜ん
それでも
聞き返すしか
ないよな？
回答できないし
鉄
その人の話し方が
聞き取りづらいとか
方言がキツイとか？
それじゃ
聞き返しても
同じだね
鉄
じゃ どうする？
当てずっぽうで
答えるのは
リスクが
そんなときはね
先生!!
①聞き返す
②表現を変えて、
質問を確認する
③「わかりません」
と謝る
これしか
ないんだよ
当てずっぽうは
ダメ！絶対！

質問する面接官が未熟という可能性も考えられる

面接を経験したことのない受験生にとっては、イメージしにくいかもしれませんが、**面接官の質問の意味がよくわからないということが、実際にあります。**たとえば、次のような場面です。

①面接官が早口で、質問の内容を聞き取ることができなかった
②面接官の質問の内容が専門的で、何を聞かれているのかがよくわからない
③面接官の質問の内容が整理されていなくて、趣旨が不明
④そもそも質問の内容が意味不明（おそらく他の受験生も理解不能なはず）

こうしたケースが実際にあります。①と②は面接でなくても日常的にままあることでしょう。③については、面接官自身が「何か質問しなくては」と焦ってしまい、受験生に向かって語りかけるのですが、ダラダラ話してしまうような状況です。

④については、面接官自身が未熟ということや、「何か偉そうなことを言わなくては」という焦りから、結局は意味不明なことを面接官は述べているのです。受験生にとっては迷惑千万な話ですが、こうしたことは実際にあるので、危機管理の一つと思って認識しておきましょう。

聞き返すのが鉄則、意味を理解せず回答するのはNGです

実際の対応方法です。**基本的には「質問の意味がわからなければ、必ず聞き返す」**ことです。わからないまま、安易に答えてしまうと、話がズレてしまって、後で取り返しのつかないことになってしまいます。このため、わからなければ必ず「すみません。よくわからなかったので、もう一度、質問をおっしゃっていただけますか」などと再確認しましょう。これにより、質問の内容が理解でき、確実に答えることができるケースがほとんどでしょう。

しかし、②などの場合は、それでもわからないことがあります。こうした際は、受験生のほうから「○○は△△ではないか、という意味でしょうか」と質問の内容を自分の理解できる内容に置き換えて、言い直してみましょう。そうすることで、質問の趣旨が明確になることも少なくありません。

しかし、どうしても質問の意味がよくわからないときがあります。こうした場合は、「不勉強のため、わかりません。申し訳ありません」と謝ってしまいましょう。ただし、あくまで「質問の意味を理解できない自分が悪い」という姿勢にしてください（実際に面接官に非があるケースでも、「言っていることがわかりません」などと指摘してしまうと、印象が悪くなりますよ）。

"ええと（何から答えよう）"
質問への回答が
すぐに思いつかない

答えられそうだし、答えなくてはいけない質問

● 公務員として必要なものとは、何だと思いますか
● 上司から不正な支出をするように指示があったら、あなたはどうしますか

↓

すぐに回答が思いつかない……。どうすればいい!?

こう答えるのがイイ！

①質問を復唱する
● 公務員としては何が必要ですかというご質問ですが……

②ストーリー展開で話す
● まずは、本当に上司の指示が不正な内容なのかを確認したいと思います。次に、……

③質問を確認する
● 公務員として必要なものとは、資質ということでしょうか。それともスキルということでしょうか

ワタシは時間稼ぎ賛成
天気の話はしないけど
アタシも
えー
みんな？
OH!
そんな簡単に
時間稼ぎって
何話せば
いいんだよ！
鉄
私が
教えま
しょう！
回答に詰まったとき
こんな時間稼ぎは
どうでしょう！
①質問を復唱する
単純な時間稼ぎだ！
②ストーリー展開で話す
話しているうちに整理できる
③質問を確認する
答えにいくつか選択肢がある場合
しょせん時間稼ぎなので
答えは事前に用意して
おくことをお勧め
しますけどね
はーーい

質問を復唱して時間を稼ぎましょう

面接官に質問されて、「答えが出そうだけど、すぐには出てこない」というもどかしいときがあるものです。

- 公務員として必要なものとは、何だと思いますか
- 本市の課題を３点挙げてください

などのように、答えられそうだし、答えなくてはいけない質問があります。または、「上司から不正な支出をするように指示があったら、あなたはどうしますか」のような事例問題の場合もあるでしょう。

このように回答がすぐに思いつかない場合は、まず、**質問を復唱して時間を稼ぎましょう**。「公務員としては何が必要ですかというご質問ですが……」と繰り返すだけでも、ある程度の時間を要します。この間に考えられます。

先のような質問のケースでは、いずれも答えが１つとは限りません。そのために、まず１点目を説明している間に２点目、３点目を考えていくのです。「公務員として必要なもの」であれば、回答の冒頭に「必要なものはいくつかあると思います。１つは……」のように間をとって話していくのです。

ストーリー展開での回答、質問返しというテクニックもある

「上司から不正な指示」のケースであれば、実際に行うことを想定して、その間に考えることもできるでしょう。「まずは、本当に上司の指示が不正な内容なのかを確認したいと思います。次に、……」のように「風が吹けば桶屋がもうかる」方式の**ストーリー展開で話していけば、「やるべきこと」がだんだんと見えてきて、回答することが可能**となります。

そもそもこうした事例問題に対して、すぐに完全な答えを思いついて、説明できるという受験生はまずいないでしょう。このため、焦る必要はありません。一つ一つ順を追って説明していけばよいのです。

面接官に質問を確認して、時間を稼ぐという方法もあります。たとえば、「公務員として必要なものとは、資質ということでしょうか。それともスキルということでしょうか」のような具合です。面接官としては、実際には資質でもスキルでも構わないと考えているかもしれませんし、そもそもそれを含めてどのように考えるのかを質問しているかもしれません。しかし、あえて質問することで、時間を稼げます。また、内容の確認をしているだけですから、それでマイナスの評価になることはありません。かえって、質問の趣旨が明確になって、的確な回答になることもあります。

EMG 3

"……（頭の中が真っ白）"
質問に対する回答が まったく思いつかない

回答が困難な質問の意図

最近の受験生は面接慣れしている

↓

面接官としては、受験生に差をつける必要がある

↓

突拍子もない質問などで、受験生の反応をみたい

こう答えるのがイイ！

①慌てない
②知識で対抗しない
③どうしてもわからなければ「勉強不足でわかりません」と素直に述べる

回答がまったく思いつかない質問は、面接慣れ対策かも

　多くの面接官が「最近の受験生は、面接慣れしている」と感じています。実際に面接をしてみると、「公務員予備校でかなり練習してきたのだろうな」と思うことが少なくありません。

　現在は、予備校の対策や参考書が充実していることもあり、「ほぼ完璧」といえるくらいに準備している受験生が多いのです（反対に、「ちっとも面接対策をしていないな」と思わせる困った受験生もいるのですが……）。

　このように、**多くの受験生が完璧な面接対策をしていると、面接官としては差をつけにくくなります**。しかし、面接官としては、どうしても相対評価をしなくてはならないときがあります。あまりに完璧だと、「少し細かい点を追及してみよう」と思うこともあるのです。

　以上のような背景があるため、突拍子もない質問をしたり、圧迫面接をしたりして、受験生の反応を確認するわけです。突拍子もない質問とは、

- 保育士の採用面接で高齢者対策について聞くなどの専門外の質問
- 職員や研究者などでないとわからない細部に関する質問
- 「税収を倍増させる方法」など答えのない質問

などがあります。

慌てず、知識で対抗せず、それで無理なら不勉強を認めよう

　こうした質問への対応については、以下のように考えるとよいでしょう。

　第1に、**慌てないこと**です。面接官は、わざとそうした質問をして反応をうかがっているわけですから、慌ててしまっては相手の思うつぼです。焦ってしまう受験生が多いでしょうが、面接官には先のような意図がありますから、「あ、その手の質問ね～」と思うくらいの余裕が欲しいものです。

　第2に、知識で対抗しないことです。こうした質問に関する知識は、面接官のほうが持っています。このため、間違っても「○○に違いありません」などと大見得を切ってしまうと、面接官の激しい逆襲が来ることは必至です。このため、常識の範囲内で謙虚に答えるようにしてください。当てずっぽうでは、自分で自分の首を絞めることになりますので、注意してください。

　第3に、**どうしてもわからなければ「勉強不足でわかりません」と素直に述べること**です。知識で張り合ってもかないませんし、そうすることは百害あって一利なしです。それよりも素直な態度のほうが、かえって好感を持たれて得です。

EMG **4**

"もう勘弁してください"

面接官の**厳しいつっこみ**に耐えられない

厳しいつっこみの意図は

面接官は受験生に詰め寄ることを習性としている

↓

想定問答集などを作成する際、そのことを意識する

こう答えるのがイイ！

①答えられる範囲内で答える
②どうしても答えられないときは、「すみません。わかりません」と謝る
③無理して回答しない

一つの内容を深く掘り下げる質問は、面接試験なら当たり前

Chapter 1 の Point 2 でも説明したとおり、**面接官は受験生に詰め寄ること を習性としています**。このため、一つの内容を深く掘り下げてきます。受験生 のやってみたい業務が「地域コミュニティの活性化」だとします。その場合、 次のようなやり取りが想定されます。

> 面接官 ● なぜ、地域コミュニティの活性化に取り組みたいのですか
> 受験生 ● 人口が減少する中で、活気あるまちづくりのために必要だと思うから です
> 面接官 ● 活気あるまちづくりのために、なぜ地域コミュニティの活性化が重要 なのですか
> 受験生 ● 地域コミュニティが活性化しないと、市民どうしの交流が減少し、た とえば、災害時にお互い助け合うなどの活動ができないからです
> 面接官 ● 日頃、市民どうしの交流がなくても、いざというときに助け合える体 制を構築しておけばよいと思うのですが、どう思いますか

このように、「やってみたい業務」という1つの項目だけでも、さまざまな質 問が飛んで来る可能性があります。このため、受験生としては、面接対策に想 定問答集などを作成する際、この点を意識することが重要です（「なぜなぜ分析」 といわれることがあります）。

可能な範囲で答える、それでも無理なら謝ってしまおう

ただし、どうしても厳しいつっこみに耐えられないことがあります。この場 合の対応について考えてみたいと思います。

第1に、**答えられる範囲内で答える**ということです。面接官のあまりに激し いつっこみに動揺してしまい、その場から逃れたいためにいい加減なことを 言ってしまっては困ります。先の面接官とのやり取りの最後の質問について、 「確かにそのとおりです」と言ってしまえばアウトです（実際に、そのようなこ とは現実的ではないからです）。

第2に、**どうしても答えられないときは、「すみません。わかりません」と謝っ てしまう**ことです。「地域コミュニティの活性化のためには、何が重要ですか」 のような知識問題では、面接官の知識に負けてしまうでしょう。このため、こ うしたときに一つ答えても「それだけですか」と詰められてしまうことがあり ます。このようなときは、無理をしないほうが無難です。

面接試験の**緊急事態対応**マニュアル

"しまった！（あれは違っていた）"
前に答えた**内容**が **間違い**だと気づいた

面接シミュレーション

面接官● 窓口で、市民があなたに対して苦情を言い続けていたら、どのように対応しますか

受験生● 1時間でも2時間でも、市民の方が納得されるまで、ずっと話を聞きます

面接官● それほど長時間の対応をしていたら、ほかの仕事に影響を与えませんか

こう対応するのがイイ！

「1時間でも2時間でも、というのは言い過ぎでした。実際には……」と訂正する

訂正しないと、面接官は「この受験生は、バランス感覚が欠如している」と判断して、マイナスの評価になる

面接お悩み相談会⑤

間違いに気づいたら早めに訂正するのがベスト

　面接が進んでいく中で、前に答えた内容が間違いだと気づくことがあります。こうしたとき、「すみません。先ほど○○と答えましたが、それは間違いでした。本当は、△△だと思います」と訂正しましょう。受験生の中には、「一度答えたら、その内容は変更できない」と思い込んでいる人がいますが、そんなことはありません。**訂正して問題ありません。反対に修正しなければ、その後の再質問で窮地に陥ってしまうので、早めに方向転換したほうが得策です。**

　ところで、なぜこのようなことが起こるのでしょうか。次のようなやり取りがあったとします。

> 面接官 ● 窓口で、市民があなたに対して苦情を言い続けていたら、どのように対応しますか
> 受験生 ● １時間でも２時間でも、市民の方が納得されるまで、ずっと話を聞きます
> 面接官 ● それほど長時間の対応をしていたら、ほかの仕事に影響を与えませんか

　このようなときに、「１時間でも２時間でも」というのは、誤りだったことに気づくわけです。そして、受験生は「１時間でも２時間でも、というのは言いすぎでした。実際には……」と訂正することになるのです。

かたくなな態度をとらず、柔軟さをアピールしよう

　先のような事例問題では、受験生はまだ公務員ではないので、まだ「現場感覚」のようなものがありません。そのため、間違ってしまっても、ある意味では仕方のないことなのです。こうした背景があるので、面接官は「それほど長時間の対応をしていたら〜」と助け船を出しているのです。

　ここで自分の間違いに気づいているにもかかわらず、「いえ、どんなに長時間でも聞きます！」のようなかたくなな回答をしてしまうと、バランス感覚が欠如していると判断されてしまいます。つまり、**訂正しないことがマイナスになってしまうわけです**（実際に、そのような対応をする職員では、周囲の職員も困ってしまいますよね……）。

　もちろん、だからといって回答を何度も訂正するようでは困りますが、頻繁でなければ訂正しても問題ありません。

面接試験の緊急事態対応マニュアル

"ええと、なんだったっけ"

暗記していた内容を すっかり**忘れてしまった**

暗記した内容を度忘れしない方法

キーワードで覚えておく

↓

度忘れを防ぐことができる

それでも忘れてしまったらこう答えるのがイイ！

①**アバウトに答える**
②**忘れてしまったと素直に謝る**

↓

どちらがよいかは、質問によって異なる

完璧に暗記しようとしない、キーワードで覚えておく

　面接対策として、どうしても暗記しなければならないことはあるものです。特に、「志望動機」と「自己 PR」の2つは必須でしょう。また、自治体によっては、面接シートの質問項目の後に

> 面接の冒頭に3分程度でプレゼンテーションをしていただきます

と明記していることもあります。このため、どうしても暗記は避けられません。

　受験生の中には、一言一句を間違いなく完璧に暗記しようとする人がいますが、それは避けたほうが無難です。完璧をめざしてしまうと、少しだけとちってしまってもパニックになったり、話す際にまるでロボットのような話し方になったりするからです。このため、**キーワードを決めておき、そのキーワードをつなげれば、全体の文章が思い出せるくらいにしておいたほうがよい**のです。このため、「暗記していた内容をすっかり忘れてしまった」を防ぐためには、キーワードで覚えておくことが対策の一つとなります。

　「志望動機」と「自己 PR」も含めて、想定問答集を作成する受験生は多いと思いますが、この際にも各質問項目のキーワードを決めておくと、忘れにくくなります。

正確な数字や用語を度忘れしたらこのテクニックでかわそう

　しかし、それでも暗記していた内容を忘れてしまうことがあります。それは、おそらく知識を問われる次のような質問でしょう。

- 本市の合計特殊出生率を知っていますか
- 本市のキャッチフレーズを述べてください

　合計特殊出生率の場合、正確な数字を思い出せないならば、「正確には覚えていないのですが、1.1 前後だったと記憶しています」のように、**アバウトに答える方法が考えられます**。正確な数値がわからないからといって「わかりません」よりも、こちらの回答のほうがよいでしょう。

　しかし、キャッチフレーズのような質問の場合、うろ覚えで曖昧に答えてしまい、その内容が間違っていると、面接官は「全然、違うじゃないか！」と心証を悪くしてしまうおそれがあります。そのため、「すみません。確認していたのですが、緊張で忘れてしまいました」のように謝ってしまったほうが無難です。場合によっては、面接官が「冒頭は『みんなでつくる』ですが」と助け船を出してくれるかもしれません。

"そんな意地悪な質問をしないでください"
圧迫面接をされている

圧迫面接の例

①受験生に回答を急かす
- つまり何が言いたいんですか
- 結論を言ってください

②受験生の回答を否定する
- 本当にそれでよいのですか
- ○○とおっしゃいますが、本当は△△ではないですか

③受験生の不採用をにおわせる
- うちではなくて、他の自治体のほうがいいんじゃないですか
- 公務員よりも民間企業向きのようですね

④無理難題を質問する
- 本市における過去5年間の合計特殊出生率を述べてください

⑤受験生に笑顔を向けず、無表情のまま冷淡な対応をする

こう答えるのがイイ！

①慌てない
②すぐに回答せず、面接官の質問を復唱するなどして一呼吸置く
③どうしてもわからないときは、素直に謝ってしまう

ストレス耐性や対応力をみる圧迫面接は珍しくない

Chapter 1のPoint 2でも触れましたが、圧迫面接とは、面接官が受験生に対して、わざと威圧的な態度をとったり、答えづらいような質問をしたりする面接手法のことです。受験生にストレスを与えて、その対応からストレス耐性や対応力などを確認するもので、禁止されている方法ではありません。実際には、次のようなものがあります。

①「つまり何が言いたいんですか？」「結論を言ってください」のように回答を急かす
②「本当にそれでよいのですか」「○○とおっしゃいますが、本当は△△ではないですか」のように受験生の回答を否定する
③「うちではなくて、他の自治体のほうがいいんじゃないですか」「公務員よりも民間企業向きのようですね」のように不採用をにおわす
④「本市における過去5年間の合計特殊出生率を述べてください」のような無理難題を質問する
⑤ 受験生に笑顔を向けず、無表情のまま冷淡な対応をする

あまりにひどい暴言や人格否定は問題になってしまいますが、上記のようなものであれば、実際にあってもおかしくありません。このようなことを行っているからといって、**面接官自身が圧迫面接と思っていないこともあります。**①や②であっても、面接官は単に通常の会話の範囲内だと思っていて、受験生が「圧迫だ！」と思っていることもあるのです。

慌てない、一呼吸置く、最終的には「素直に謝る」がベストです

圧迫面接の対応方法としては、次のようなものがあります。

第1に、**慌てないこと**です。先のようなことがあると、受験生は焦ってしまうかもしれませんが、面接官はわざとそのように行っているのですから、「あ～、圧迫面接をやろうとしているのだな」と考え、深刻にとらえる必要はありません。

第2に、**すぐに回答せず、面接官の質問を復唱するなどして一呼吸置くこと**です。③であれば、「私は民間企業向きということでしょうか」などと言えば、かえって面接官が焦ってしまうでしょう。

第3に、**どうしてもわからないときは、素直に謝ってしまうこと**です。そもそも④などは答えられないことを、面接官も知っています。このため、無理に答える必要はありません。次の質問に移ってもらったほうが得策です。

"あなたの意見はおかしい！"
面接官と意見が対立してしまった

面接中に面接官と意見が対立した事例

● 長所について「臨機応変に対応できること」とエピソードを交えて説明したら
　→「それは優柔不断なだけではないですか」と言われた

● 職場における苦手な人への対応方法について「一定の距離を置きます」と答えたら
　→「それでは仕事になりません」と言われた

● 市における最大の課題について「防災対策」と答えたら
　→「少子化のほうがより深刻ではないですか」と反論された

● クレーマーへの対応方法について「とにかく相手の話を聞きます」と答えたら
　→「ほかの仕事に支障が出てしまうから、それはおかしい」と反論された

こう答えるのがイイ！

①圧迫面接を疑ってみる
②面接官の助け舟ではないかと疑ってみる

実録！　面接官と意見が対立してしまうのはこんな場面

面接中に、面接官と意見が対立してしまうことがあります。たとえば、次のようなケースです。

①長所について「臨機応変に対応できること」とエピソードを交えて説明したら、「それは優柔不断なだけではないですか」と言われた
②職場における苦手な人への対応方法について、「一定の距離を置きます」と答えたら、「それでは仕事になりません」と言われた
③市における最大の課題について「防災対策」と答えたら、「少子化のほうがより深刻ではないですか」と反論された
④クレーマーへの対応方法について「とにかく相手の話を聞きます」と答えたら、「ほかの仕事に支障が出てしまうから、それはおかしい」と反論された

このように、**面接官と意見が対立してしまうことは、実際の面接でもよくあること**なのです。

意見の対立は圧迫面接か、助け船ではないか、疑ってみよう

このようなとき、どう対応したらよいでしょうか。

第1に、**圧迫面接を疑ってみること**です。つまり、わざと面接官は反論して受験生の反応をみていると考えれば、気にする必要はなくなります。①であれば、自分の長所ですから「優柔不断」では困ります。あくまで「臨機応変」として説明することが大事です。ただし、エピソードがうまく伝わっていない可能性もあるので、その点はきちんと確認する必要があります。

第2に、**面接官は助け舟を出してくれているのではないかと疑ってみること**です。事例問題である②と④であれば、面接官の意見のほうが正しいでしょう。つまり、この場合、面接官は助け船を出してくれているわけです。知識問題である③についても、同様に考えてもよいでしょう。ただし、「最大の課題」は一つではありませんから、受験生がよほどマニアックな課題を取り上げなければ、必ずしも間違いとはいえません。

事例や知識に関する問題は、面接官のほうが知識を持っています。このため、面接官が受験生の認識を正してくれていることもあるのです。ただし、いつもそうだというわけではありません。面接官の反論に慌てたり、意見を翻したりすることなく、受験生が対応できるかをみていることもあります。

上記2点の対応方法は、ある意味では正反対のとらえ方です。大事なことは「正解」を探すのでなく、自分できちんと判断して答えを導くことです。

EMG **9**

"うわぁ（残り時間がまだこんなにある！）"

3分の**プレゼン**が
1分で**終わってしまった**

3分のプレゼンテーションへの対応と臨み方

- 志望動機や自己PRなどのプレゼンを3分で行うよう求められる
- 3分に満たないプレゼンを避けたい

事前通知の有無で、対応方法や考え方が異なる

①事前通知がある場合

- そもそも1分で終わることのないように準備するのが前提
- 原稿を作成し、実際に読んでみて3分に収まるかどうかを確認
- キーワードを中心にして記憶する

②事前通知がない場合

- 基本的に「3分プレゼン」はない
- しかし「1分自己PR」は頻出なので、準備が必要
- 仮に30秒で終わっても、減点は考えにくい

プレゼン終わったら
10秒くらい黙るとか？
終わり感出すわけ
明らかに早いなー
ってときは自分でも
わかるから
続ける場合は
入りきらなくて
切った部分とか
覚えといて
フォローで言う
意外と
テクニカル
思ったより
すごい！
ちゃんと
考えてるんだね
お前ら
オレを何だと
それより「終わり」
って強制終了のほうが
勇気あるよ
うぃ…
怖くないの？
それで問題ないってことは
時間読みが上手いのかな？
確かに音楽のクセでプレゼン練習も
テンポ考えてやってる！
へー
OH!
ナルホド

事前にキーワードを意識した原稿を準備しておくのが王道

　３分で志望動機や自己PRなどのプレゼンテーションを求められることがあります。ただし、こうしたケースは、「３分のプレゼン」があることを事前に知らされていたのか否かで、対応方法や考え方が少し異なります。

　まず、事前に通知されていた場合は、そもそも１分で終わることのないように準備するのが前提です。原稿を作成し、実際に読んでみて３分に収まるかどうかを確認します（ちなみに、１分間で読める文字数は300字といわれています）。そして、**キーワードを中心にして記憶すること**が求められます。

　しかし、面接当日に緊張で頭が真っ白になってしまうこともあるかもしれません。その際に頼りになるのは、やはりキーワードです。一言一句を正確に暗記していなくても、キーワードをつなげれば、何とか文章が完成するように記憶・準備しておくと、「１分で終わってしまう」ような事態を避けることができるでしょう。

　緊張しやすい人は、あえて面接官の目を見ずに、面接官の額や面接官の後ろにある壁などに視線を向けるとよいでしょう。目と目が合うと、どうしても緊張が高まってしまうので、あえて視線を外すわけです。

　それでも１分で終了してしまった場合は、「概略は以上ですが、補足させていただきます」と、さも最初からそうした段取りであったことを装う方法もあります（そのように言うことで、緊張も少し和らぎますよ……）。

「1分自己PR」は頻出なので準備しておきましょう

　次に、事前通知がない場合です。一般的に、事前通知なく「３分」で志望動機や自己PRを語らせることはないと思います（さすがにそれは受験生にとって酷かと……）。ただし、「**１分で自己PRを**」ということはよくあるので、「**１分自己PR**」は事前に準備しておいたほうがよいでしょう。

　事前通知がなくても「○○市は、面接で必ず１分で自己PRを述べさせる」ということも少なくありません。このため、さまざまな書籍、雑誌、インターネットなどで確認するように心掛けてください。これを知っていると知らないでは、大きな差がついてしまいます（試験は、情報戦でもあります！）。

　ところで、事前通知がなくて「１分自己PR」が30秒で終わってもあまり気にする必要はありません。１分であれば、そもそも面接官も厳密に時間を計測しないことがほとんどです。事前通知していないので、30秒で終わってもこれまでの経験上、「減点」にしたことはありませんので。

EMG 10

"不合格確定、ですか!?"
「今年、**不合格**だったら、どうしますか」と聞かれた

質問の意図は

ストレス耐性や対応力、本気度などをみている

↓

1人の面接官が、その場で不合格を決定できない。焦る必要はない

こう答えるのがイイ！

第一志望なので、来年も受験したいと考えています。しかし、経済的な問題もあるので、結果が出てからじっくりと考えたいと思います

ストレス耐性や対応力、本気度をみたいと思っている

「不合格だったらどうしますか」という質問は、まるで不合格が決定したかのように聞こえてしまうかもしれません。しかし、1人の面接官がその場で不合格を決められるものではありません。このため、「不合格になったときのことを聞いておこう」などと考えることはないので、焦る必要はありません。

　では、なぜこの質問をするのでしょうか。その理由は、やはり**ストレス耐性や対応力、本気度などをみている**からです。先のような質問があったとき、「自分は不合格ということですね」と勝手に決めつけてしまったり、パニックになってその後の質問に回答できなくなったりしては困ります。「この受験生はストレスに弱いから、職員として市民対応はできないかも」と判断されてしまいます。これでは面接官の思惑どおりですので、合格基準をクリアすることはできないでしょう。「不合格になったら、現在内定をもらっている○○省へ行きます」のような答えであれば、本気度が疑われます。面接官は、「もしかしたら、うちは第一志望ではないのかも」と思ってしまいます。

ムキになったり、あっさり諦めたりする態度は避けよう

　では、この質問に対してどのように回答するべきでしょうか。内容は、いくつか考えられます。無難な回答としては、

　　第一志望なので、来年も受験したいと考えています。しかし、経済的な問題もあるので、結果が出てからじっくりと考えたいと思います

でしょう。これであれば、「第一志望」であることを強調しつつも、併願先（実は本当の第一志望？）に行くこともほのめかすことができますので、現実的な回答になります。あるいは、次のような回答でもよいでしょう。

　　現在は合格することだけを考えているので、不合格になったときのことは考えていません

いずれにしても、合格したいことをアピールすることは必要です。

　反対にダメな回答としては、「それは不合格ということですか!?」と面接官に詰め寄ったり、あっさりと「仕方ないので、合格したところへ行きます」のような本気度が感じられなかったりするものです。

　ちなみに、社会人・経験者で過去に受験歴がある受験生に対して、この質問をすることがあります。受験生が前職を退職して、公務員試験勉強に打ち込んでいるような場合、今後の生活についてどのように考えているのかを聞き、本気度や現実と理想のバランス感覚などを知ろうとするのです。

集団討論・グループワーク、プレゼンテーション面接の課題例

自治体・試験別に課題例を、公表情報や受験者からの
受験情報をもとにまとめたものです。

集団討論

宮城県

〔**令和5年度**〕鳥獣による農作物の被害を減らすためには、行政としてどのような取組みを行うべきか。（検討5分・討論45分、受験者9人、試験官3人）

〔**令和5年度・保健師**〕地域の防災力向上のための取組み。（45分、受験者9～11人、試験官6人）

山形県

〔**令和4年度**〕令和4年3月、公益財団法人全日本柔道連盟は、心身の発達途上にある小学生が勝利至上主義に陥ることは好ましくないとして、全国小学生学年別柔道大会を廃止すると発表した。ついては、次の点について討論し、グループとしての意見をまとめなさい。

⑴小学生をはじめとした義務教育段階における全国競技大会廃止の是非。

⑵上記⑴の結論によって生じる課題に対する対応策。

※その他、出題されたテーマの要旨

ワーケーションの普及に向けた課題。その課題を踏まえた対応策／プラスチックごみの削減に向けた課題。その課題を踏まえたプラスチックごみ削減に向けた方策／インターンシップで取得した学生情報を民間企業の採用選考活動に活用することのメリット、デメリット。そのデメリットを踏まえた対応策

福島県

〔**令和4年度**〕公立学校における部活動を、学校単位から地域単位の活動に移行することについて、賛成か反対か、グループとしての意見をまとめなさい。

〔**令和３年度**〕高等学校において、ボランティア活動など社会奉仕体験活動を必修化することについて、賛成か反対か、グループの意見をまとめなさい。

茨城県

〔**令和４年度**〕人口減少、少子高齢化や経済・社会のグローバル化の進行などにより社会情勢が変化していく中、茨城県が「活力があり、県民が日本一幸せな県」を実現するためには、女性、若者、障がい者、外国人等の多様な人材の活躍が重要です。このような中、茨城県では、年齢や性別、国籍や障がいの有無、性的指向などにかかわりなく、一人ひとりが尊重され、誰もが個々の能力を発揮できる社会を実現することを目的に、関係団体等とともに「いばらきダイバーシティ宣言」を発表しました。そこで、以下の点について討論し、グループとしての意見をまとめてください。

1　多様な人材の活躍について、現状と課題の整理を行ってください。

2　1を踏まえて、多様な人材の活躍できる環境を整備するため、行政はどのような取組みを行っていくべきかを考えてください。

栃木県

〔**令和４年度**〕とちぎの強みを生かした県の産業振興について。

〔**令和３年度**〕脱炭素社会の構築を推進する取組みについて。

千葉県

〔**令和４年度・一般行政Ｂを除く**〕アフターコロナにおいて、千葉県はどのような取組みにより、何を目標としていくべきか、グループで話し合いなさい。

〔**令和４年度・一般行政Ｂ**〕誰もが何度でも訪れたくなる魅力ある観光地づくりのために、本県が取り組むべき施策は何か。

〔**令和元年度**〕現在、労働力人口の減少が深刻な問題となっている。この問題への対策として、千葉県としては何を行うべきか、優先順位を付け、３つ挙げなさい。

神奈川県

〔**令和５年度・土木**〕日常生活の中で努力義務としたほうがよいものを挙げ、定着に向けてどのような取組みが必要か、行政をはじめ取組み主体ごとにそれぞれ説明しなさい。（45分、受験者６人、試験官６人）

山梨県

〔**令和４年度**〕海洋プラスチックごみが国際的な問題となっているが、ごみを減らし海洋生物などを守るためには、個人、企業あるいは自治体等がどのような取組みをしなければならないか、意見をまとめなさい。

新潟県

〔**令和２年度**〕子育てしやすい環境づくりについて。

岐阜県

〔**令和４年度**〕コンパクトなまちづくりについて／県産木材の使用推進について／「スマート農業」の推進について／小中学校への児童生徒のスマートフォン持ち込みについて／「食品ロス削減」について／消防団員・水防団員の確保について／「関係人口」創出事業について／ローカル鉄道対策について／マイナンバーカードの取得促進方策について

静岡県

〔**令和５年度**〕マイナンバーカードの申請件数を増やし、さらに普及させていくにはどうしたらよいか。（25分、受験者６人、試験官５人）

〔**令和４年度**〕国内各地で地震や台風、集中豪雨などの自然災害が相次ぎ、県内で生活する外国人に対する避難情報の発信が課題となっています。外国人に対し、必要な情報をいち早く確実に伝えるために、静岡県はどのような取組みを行うべきか、討論してください。

愛知県

〔**令和４年度・行政Ⅱ**〕県民に、愛知のことをもっと知ってもらい、これまで以上に愛着や誇りを持ってもらうためには、県としてどのような取組みを行うのがよいか。

〔**令和３年度**〕愛知県では、他の大都市圏に比べて「住みやすさ」の面で強みがあるとして、広くPRしているが、移住を検討している人に、一番のお勧めを挙げるとしたら何か。

富山県

〔**令和４年度**〕人口減少、少子高齢化が続いている富山県では、特に若者の県外流出が続いていますが、若者の県内定着を図るために、県はどのようなことに取り組めばよいか、自由に話し合ってください。

※その他、出題されたテーマの要旨

地域行事の在り方について／国内外からの観光客の受け入れ方／富山県の魅力をより効果的に伝えるSNSによる情報発信／持続可能な公共交通の構築／ヤングケアラーと呼ばれる子どもたちの存在について

石川県

〔**令和３年度**〕脱炭素社会への取組みについて／過疎地域におけるICTの活用について／農林水産物のブランド化の推進について／外国人との共生について

〔**令和２年度**〕人口の社会減対策について／男性の子育てへの参加促進につい

て／文化の継承・発展と新たな文化の創造に向けた取組みについて／高齢者が
安心して暮らせる社会づくりについて

福井県

〔令和4年度〕北陸新幹線福井・敦賀開業に向けた誘客・誘致について

　現在、本県では北陸新幹線福井・敦賀開業を控え、観光誘客や企業誘致を進
めている。その一方で、新型コロナウイルス感染症拡大の影響により、アウト
ドアレジャー人気の高まりやテレワークの推進など、個々の旅行スタイルや企
業の経済活動に変化が見られている。

課題：本県に観光客や企業を呼び込むために解決すべき課題を踏まえたうえで、
　　　県が取り組むべき施策について議論してください。

※その他、出題されたテーマの要旨
公務員志願者の増加対策について／マイナンバーカードの取得促進について／
県産農林水産物の販路開拓・消費拡大について／共家事（トモカジ）の促進に
ついて／ふくい桜マラソンについて

滋賀県

〔令和4年度〕自宅から都合のよい時間にスマートフォンで県立施設の予約や
補助金の申請ができるようにするなど、県民が行政サービスを利用しやすくす
るためには、どのような課題があるのか、また、どのようにこれを解決してい
くのかを討論して、結論としてまとめてください。

鳥取県

〔令和4年度・キャリア総合コース〕県内の既存観光地に新たな魅力を加え、
県内外から注目を集めるための戦略について討論してください。

※その他、出題されたテーマの要旨
就職活動中の学生による交流サイトへの投稿を企業が調査することの是非につ
いて／地方の公共交通機関が抱える課題と解決方策について／鳥取県の海産物
や農産物のブランド展開について／VRの行政への活用について／自動音声に
女性の声が多く使用されていることについて／大阪・関西万博の来場者を、鳥
取県に観光客として呼び込むための方策について

〔令和3年度・追加募集〕鳥取県に関するイメージ調査結果によると、鳥取県
の「特産物」の認知度は、上位3位が「二十世紀梨」60.3％、「砂丘らっきょう」
34.0％、「カニ」30.2％となっている一方で、「ひとつもない」が27.2％とい
う結果でした。この「ひとつもない」をゼロ％にする方策について、さまざま
な観点から討論してください。

島根県

〔令和4年度・行政A〕 島根県の離島・中山間地域においては、人口高齢化・過疎化が進み、空き家が増加しています。空き家が増加することにより生じる問題点を挙げ、その問題点を解決するためにはどのような対策が有効か、自由に討論しなさい。（検討15分、討論60分）

〔令和4年度・行政B〕 昨今、全国各地の自治体でオリジナル動画を制作するところが増えており、島根県においてもYouTube「しまねっこチャンネル」等のWebやSNSにより、さまざまな情報を発信しているところです。全国に島根県の魅力をPRし、島根県のよさを知ってもらうためにはどのような手法が有効か、自由に討論しなさい。

山口県

〔令和3年度〕 鳥獣被害対策における課題・現状を述べ、必要な取組みを述べよ。（45分、受験者6人、試験官3人）

香川県

〔令和4年度〕 昨年6月に育児・介護休業法等が改正され、本年4月から、子の出生直後の時期における男性の柔軟な育児休業の枠組み創設など、育児休業を取得しやすい雇用環境整備が段階的に進められている。希望に応じて男女ともに仕事と育児等を両立できる社会の実現のため、どのような取組みが効果的か、あなたの意見を述べ、討論しなさい。

※その他、出題されたテーマの要旨

部活動の地域移行についての課題と意義／デジタル技術を活用して、より高度で利便性の高い医療や福祉を提供するための取組み／テレワークを推進していくべきかどうか／農林水産業の担い手不足が深刻となる中、農林水産業の持続的発展を図るための取組み／香川県の産業をより一層活性化するための取組み／成年年齢の引き下げによる消費者トラブルの抑止のための取組み／自転車利用者の交通安全意識のさらなる向上を図るための取組み／離島での医療体制の強化していくための取組み

愛媛県

〔令和4年度・行政事務B以外〕

男女共同参画社会づくりについて／高齢者がいきいきと暮らせる健康長寿えひめの実現について／戦略的なプロモーション活動の推進について／魅力ある観光地づくりと国際観光の振興について／地球温暖化対策の推進について／愛媛産品のブランド力向上について

〔令和4年度・行政事務B〕 地域を支える人材づくりについて／安心して子ど

もを産み育てることができる環境づくりについて／スポーツを通じた豊かで活力ある地域づくりについて

〔令和3年度・行政事務B以外〕 人権が尊重される社会づくりについて／多様な人材が活躍できる労働環境づくりについて／県民参加型の健康づくりについて／快適に暮らせる市街地づくりについて／eスポーツの推進について

〔令和3年度・行政事務B〕 農林水産業の担い手の確保について／商店街の活性化について／若者の県内企業への就職促進について

高知県

〔令和4年度〕 希望者が子どもを産み育てやすい社会について／学童期のスマホやゲームとの付き合い方について／県民の健康寿命の延伸について／高齢者が住み慣れた地域で暮らし続けることができる県づくりについて／過疎地の公共交通を守るための取組みについて／自転車の交通事故防止について／若者が住み続けたいと思える地域づくりについて／地域における防災活動の推進について／災害からの速やかな復旧・復興に向けた事前準備について／大規模災害時の避難所の運営について／家庭における男女共同参画の推進について／高齢者の交通安全の取組について／食品ロスの削減について／県産品の販路拡大について／新型コロナウイルス感染症対策と社会経済活動の両立について／地場産業におけるデジタル技術の活用について／移住促進による地域の活性化について／第一次産業を担う人材の育成・確保について／地域地域で若者が誇りと志を持って働ける高知県について／人口減少下における持続可能な地域社会づくりについて／地域の伝統行事や祭りの存続について／デジタル社会に向けた教育の推進について／学校・家庭・地域の協働について／選挙の投票率の向上について

熊本県

〔令和4年度〕 大手外国企業による熊本での新工場建設等に伴い、今後ますます多くの外国人の方が熊本で生活されることとなりますが、その方々にとってより住みやすい熊本になるために、本県としてどのような取組みが必要であるか、グループ内で討論してください。

※その他、出題されたテーマの要旨

人気漫画の像の活用を通じて県全体の交流人口拡大につなげるための取組み／本県への移住定住を推進するための取組み／男性の育児参加を促進するための取組み／食品ロスを減らすための有効な対策／ワーク・ライフ・バランスの実現に向けた施策が求められる背景と、行政が取り組むべき具体的な施策／県民一人ひとりの防災意識を高めるための取組み／人口減少が本県に与える影響と、

必要な取組み／スポーツを通じた地域の活性化を図るための取組み／くまモンの現状の課題やその解決策、新たな取組み／熊本県産の食品のブランド力を高め、全国、そして世界に広めていくための取組み

沖縄県

〔令和3年度〕少年法厳罰化について

　懲役期間の延長や重大犯罪にかかわった18歳以上の少年の起訴後の実名報道を認めるなど、少年法の厳罰化が相次いでいますが、被害者の心情等を踏まえてこれを肯定する立場と、少年の更生や社会復帰を困難にするとして反対する立場があります。少年犯罪の凶悪化が問題視されながらも少年犯罪そのものは戦後一貫して減少傾向にあることや、少年法による更生活動の成果を主張する意見、遺族を含む被害者側の声を重視する意見や少年法の意図や抑止力に疑問を呈する世論など、さまざまな意見があります。これらを踏まえて少年法厳罰化について討論してください。

※その他、出題されたテーマの要旨
自然環境の保護と地域経済について／救急車の有料化について／24時間営業について／離島の医療体制について／宿泊税制度の導入について／ジョブ型雇用について

さいたま市

〔令和元年度〕さいたま市ブランドを向上させるにはどうすべきか。（集団面接の中で実施、15分、受験者6人、試験官3人）

岡山市

〔令和元年度〕岡山市では市制施行日である6月1日を、市民みんなが岡山市のことを考える日「岡山市民の日」と定めています。郷土・岡山への理解と関心を深め、愛着と誇りを育み、魅力あるまちづくりを進めていくきっかけとなるよう岡山市民の日のキャッチコピーをグループとして1つ決め、その理由をまとめなさい。

※その他、出題されたテーマの要旨
集団討論を実施しているこのグループのスローガンを作りなさい。

広島市

〔令和4年度〕わが国では各地で地震が発生しやすく、広島市においても大規模な地震や津波による被害が懸念されている。大規模な地震の発生に備えた安全・安心なまちづくりを進めるために広島市が取り組むべき具体的な対策について討論し、グループとしての考えをまとめなさい。（30分、受験者8人）

※その他、出題されたテーマの要旨

野良猫の増加によるトラブルに対して、行政としてどのように取り組むべきか／メディア芸術を活用した地域活性化策と、広島市において推進するための取組み／エシカル消費について、広島市としてどのように取り組むべきか／小学校への学習者用デジタル教科書の導入の促進について、効果的に導入するために広島市としてどのように取り組むべきか／地域コミュニティの衰退により生じる問題と、広島市として地域コミュニティの活性化のために、どのように取り組むべきか／広島市の平和教育の推進と、さらなる取組み／介護の担い手確保について、行政としてどのように取り組むべきか／「買い物難民」への対応について、広島市としてどのように取り組むべきか／広島市において美しい景観を維持・形成する意義について、よりよい景観づくりのために、取り組むべき具体的な方策について／行政として災害時の氏名等の公表にどのように対応すべきか／広島市の自転車利用環境をより快適なものにするために有効な方策について／高齢者が加害者となる交通事故に対して、効果的と思われる施策について

熊本市

〔令和4年度〕公務員は職務の公共性や公益性から、より高い職業倫理が求められるが、昨今のニュースなどで公務員の不祥事にまつわる報道が数多く取り上げられている。公務員にとって必要とされるコンプライアンスとは何か、グループで話し合い、意見をまとめなさい。

※その他、出題されたテーマの要旨
自転車利用時に市民にヘルメット着用を促すための取組み／本市において、インバウンド需要の持続可能性を高めるようにするための取組み／熊本地震の記憶の風化を防ぐための取組み／熊本市が「ヤングケアラー」を支援するための取組み／テレワークの推進で変わりつつあるコミュニケーションについて、熊本市職員として、円滑にコミュニケーションを図り、業務を進めていくための取組み／熊本市として、有権者に選挙に関心を持ってもらい、投票に行くような動機を醸成するための取組み／市民がSDGsの理念を理解し、自ら地域課題を解決するための取組み・支援／市民へ正確な行政情報の伝達と、インターネット等を使える人と使えない人との間の格差への対策／非常時に通信障害などが起こったことを考えた、情報伝達・収集方法／熊本市が、さまざまな媒体を用いて情報発信をする際に気をつけなければならないことや、「炎上」してしまった後の対処法について／熊本市役所においてどのようにリモートワークを推進するべきか

青森県

〔令和4年度〕

●県が公表した就業状態等基本集計結果によると、2020年10月現在で、県内の15歳以上の人口に占める労働力人口（働く意志と能力を持つ人口）は5年前（2015年）と比較して22,266人減少している。労働力人口の減少は本県社会にどのような影響をもたらすか、また、それを克服するためにどのような取組みが必要か、グループでまとめ、発表しなさい。

●北海道新幹線が2030（令和12）年度末に札幌まで延伸される予定であるが、青森県に与えるメリット・デメリットを挙げ、それに関連して県としてどのような取組みが考えられるか、グループで検討し、発表しなさい。

東京都

〔令和5年度〕東京都では、再生可能エネルギーの利用拡大など、あらゆる施策を総動員して2030年カーボンハーフに向けた取組みを加速させている。あなたたちは、「エネルギーを『減らす』『創る』『蓄める』」を社会全体で加速させる施策を検討するプロジェクトチームの一員となった。今後、まち全体の脱炭素化を複合的・重層的に進め、2030年カーボンハーフを実現していくために、どのような取組みを行うべきか。チーム内で議論し、職場の上司に説明するために必要なポイントをホワイトボードにまとめなさい。

神奈川県

〔令和4年度〕あなたは、神奈川県が開催するオンラインイベントの企画・立案プロジェクトのスタッフに選ばれました。グループでオンラインイベントの概要を決めたうえで、その実施に当たってのオンライン独自の課題を複数挙げ、その課題にどう対応したらよいか説明しなさい。

長野県

〔令和4年度〕

●人口減少・少子高齢社会において、過疎化が進む地域の活力を高めるために県としてどのような取組みを行うことが効果的か。

●2050ゼロカーボンに向けて、再生可能エネルギーへの転換を推進するために、県としてどのような取組みを行うことが効果的か。

大阪府

〔令和4年度〕2020年の新型コロナウイルス感染症の世界的な感染拡大により、人の移動や集客が制限され、インバウンド需要がほぼ消失し、宿泊、飲食

等の売上げが大幅に減少するなど、観光分野は多大な影響を受けています。皆さんは、観光振興に携わる大阪府職員です。このたび、新型コロナウイルス感染症の状況を踏まえつつ、観光需要の回復を担う国内旅行を促進し、大阪の賑わいを取り戻すための企画案を作成することになりました。「大阪都市魅力創造戦略2025」に挙げられている重点取組みなども参考にしながら、皆さんのアイデアで効果的な企画案を作成してください。（資料省略）

岡山県

〔令和4年度〕

● ふるさと納税は、体験型や思いやり型といったように、返礼品の形も多様化しています。岡山県外の人に対して岡山県の魅力を最大限に発信し、「項目名」したくなるような返礼品についてグループの案をまとめ、発表してください。
　※「項目名」には次のいずれかが入ります。(1)岡山県へ旅行　(2)岡山県へ移
　　住

● あなたは岡山県の「項目名」担当者です。担当する地域の課題について効果的に対応するため、行政以外のパートナーと協働して、取組みを実施することになりました。どのようなパートナーと連携し、どのような取組みを行うのがよいか、グループとしての案をまとめ、発表してください。なお、連携するパートナーについては、団体・個人等の種類を問いません。
　※「項目名」には次のいずれかが入ります。(1)防災・減災　(2)子育て支援

神戸市

〔令和4年度〕課題「男性の育休取得の推進」

　令和3年6月に育児・介護休業法が改正され、男女とも仕事と育児を両立できるように、産後パパ育休制度の創設や雇用環境整備、個別周知・意向確認の措置の義務化などが令和4年4月1日から3段階で施行されていきます。厚生労働省によると、令和2年度の男性の育休取得率は、12.65％と初めて10％を超えて過去最高だったものの、80％以上の女性と比べ圧倒的に低くなっています。神戸市では、育児に積極的な男性職員を増やそうと、令和3年3月に神戸市役所内で有志によるグループを立ち上げました。子育てに有益な情報や悩みを共有し、若手の育児休暇取得を後押ししつつ、庁内の理解促進を目指しています。そこで、今後さらに育休取得を推進してくためには、行政・企業それぞれの立場でどのような取組みをすべきか、男性職員の育休取得率が低い原因を挙げたうえで、グループで議論し、具体策を提案してください。

岩手県

〔令和4年度〕あなたのこれまでの職務経験の中でどのようなことに取り組み、そこからどのようなスキルを身につけたか、また、それを県政のどのような分野において、どのように生かすことできるかということについて、10分以内でPRしてください。

神奈川県

〔令和4年度〕未来に向けた神奈川県の新しいキャッチフレーズを提案してください。

徳島県

〔令和4年度〕徳島県の魅力を発信するため、SNSに写真を1枚だけ投稿するとしたら、あなたはどのような写真を選びますか。選んだ写真とその理由を具体的に教えてください。（1分以上2分以内）

愛媛県

〔令和5年度〕初めに受験者からこれまで培ってきた専門性についてプレゼンテーション（5分程度）をしていただき、その内容を踏まえた個別面接を行います。

名古屋市

〔令和5年度〕あなたがこれまでの経験を通して身につけた強みを2つ挙げ、その強みを発揮できた出来事と、その強みをどのように名古屋市職員として活かしていくか、具体的にプレゼンテーションをしてください。

著者紹介

春日文生（かすがふみお・筆名）

元某市役所職員。採用試験の問題作成、論文採点、面接官などを務めてきた。これまで年間100本以上の論文の採点、100人以上の面接をしてきている。

カバーデザイン	NONdesign 小島トシノブ
組版DTP	蠣﨑 愛
カバーイラスト＆マンガ	草田みかん
編集協力	佐藤嘉宏（ZACCOZ）

公務員試験

**採点官はココで決める！
合格面接術［2025年度版］**

2024年3月15日　初版第1刷発行　　　　　　　　　　〈検印省略〉

著　者──春日文生

発行者──淺井　亨

発行所──株式会社　実務教育出版

〒163-8671　東京都新宿区新宿1-1-12

☎（編集）03-3355-1812　　（販売）03-3355-1951

（振替）00160-0-78270

印刷──精興社

製本──東京美術紙工

購入者特典

あなたの面接カードを見てもらえる！
（無料）

長年公務員試験の採点官をしてきた著者が、
あなたの面接カードを読んでコメントしてくれます。
この機会を活かして合格を勝ち取ってください。

1 メールアドレス・氏名等の登録をしてください

まずは以下の QR コードからアンケートフォームにアクセスし、氏名・メール
アドレス等の登録を行います。

2 編集部から登録確認メールを送信します

面接カードのフォーム*をお送りします。
*独自の「面接カード」の書式には対応できません。

3 メールにて「面接カード」を送信してください

締切は、2024 年 11 月末日となります。
※お一人様 1 回限りです。

4 著者のコメントを添えてメールにて返送します

返送まで 2〜3 週間いただきます。
※1　あくまでコメントですので、添削ではありません。
※2　コメントへのご質問にはお答えできませんので、あらかじめご承知おきください。

登録はコチラから

【提出された「面接カード」について】
提出された「面接カード」は、個人情報を除き、今後の誌
面づくりに活用する可能性があります。

【個人情報の取り扱いについて】
ご提供いただきました個人情報は、企画の参考にさせてい
ただきますとともに、個人情報保護法など関連法規を遵守
し、厳重に管理・使用いたします。弊社個人情報の取り扱い
方針は実務教育出版ホームページをご覧ください。